销售心理学

王定科◎编著

内蒙古人民出版社

图书在版编目(CIP)数据

销售心理学/王定科编著.—呼和浩特：内蒙古人民出版社，2018.1 （2019.6重印）
ISBN 978－7－204－15270－4

Ⅰ.①销… Ⅱ.①王… Ⅲ.①销售－商业心理学 Ⅳ.①F713.55

中国版本图书馆CIP数据核字(2018)第027209号

销售心理学

作　　者	王定科
责任编辑	晓　峰
出版发行	内蒙古人民出版社
地　　址	呼和浩特市新城区中山东路8号波士名人国际B座5楼
印　　刷	临沂同方印刷有限公司
开　　本	710mm×1000mm　1/16
印　　张	20
字　　数	300千
版　　次	2018年8月第1版
印　　次	2019年6月第2次印刷
印　　数	10001－15000册
书　　号	ISBN 978－7－204－15270－4
定　　价	39.80元

如发现印装质量问题，请与我社联系。联系电话：(0471)3946120
网址：http://www.impph.com

前　言

只要你生活在地球上，就注定无法躲开销售这个词。

因为每个人都在销售自己。没有销售，就意味着脱离社会独自生活在孤岛上。即使生活在孤岛上，你一样需要牙刷、牙膏以及其他生活用品。买这些用品需要钱，而钱的来源则必须依靠你销售自己的劳动来换取。

这就是世界上最本质的东西，我们不得不正视这一点。凡是拥有超强销售能力的人，总是能够在现实社会中获取令人羡慕的成功。

说到这里，如果我问你——何为销售？你或许会说，不就是一个卖货的吗？错！销售不仅仅是一个卖货的，更是一个卖"心"的。顾客买走的不仅仅是产品，更是你的"人"和你的"心"。

大到飞机轮船，小到一针一线，销售的本质都是一样的，无非就是把货卖出去，把钱拿回来。但是在这一卖一拿之间藏有无穷的"玄机"，因为销售不仅是和钱打交道，更是和人打交道。

从这个意义上说，不管你做不做销售，都应该每天学点儿销售心理学。因为销售并不是销售员的专利，心理学不仅可以让销售变得很简单，更能让你洞悉人性的本质，在现实世界中活得如鱼得水、游刃有余。

你必须将自己修炼成一名"神枪手"，每一句话都要打中客户的心；你必须将自己修炼成"火眼金睛"，一眼就看清客户的心理需求。这个需求点就是决定客户是否购买产品的"命门"。

从某种意义上说，销售就是销售人员通过沟通，将商品或服务

出售给那些有需求的客户的过程。也就是说,销售的过程就是一个人与人之间打交道的过程。

很多销售员都知道这个道理,但销售的结果却大相径庭。成功的销售员少之又少,更多的销售人员每天徘徊在路上,踏破铁鞋到处寻,沮丧、疲乏,所获甚少。可见,销售并不是大家常说的那么一回事儿。无论是在一线打拼,还是管理公司团队;无论是在做培训咨询,还是在被别人"销售"的过程中,发现很多销售员还在循规蹈矩地使用那几个"经典"的销售步骤,一本正经地按照机械的流程去跟客户谈论着、商议着,常常面临着被拒绝的危险。

从心理学观点出发,销售不仅仅要依靠销售人员的努力,更需要智慧,需要动脑,需要思考。要知道这些销售技能背后的根源;要懂得自己的心理,更要懂得客户的心理;用"心"销售,诚心服务,才能赢得客户的青睐。如果一位销售人员能弄明白在销售过程中客户内心深处最根本的购买动机和每个过程中客户的心理变化趋向,不仅与客户的沟通将会变得顺畅很多,销售的成功率也会大大提高。

如今,心理学已经渗透到我们生活和工作的方方面面。本书是一本结合销售实战和最新心理学研究成果的实用工具书。本书的最大目的,是让销售员能从心理学的角度重新审视自己原来的销售策略和技巧,从而将心理学中的相关知识和原本的销售知识相融合,得出更多的心得和体会。如果销售员能灵活掌握本书中所讲内容,都可以非常迅速和轻松地提升销售业绩,成为销售行业中的佼佼者,进而获得我们职业生涯中梦寐以求的成功。

目 录

第一辑　做好销售，先从认知客户心理开始

顾客的需求不同，心理期望值就会不一样。我们常常讲，顾客就是上帝。能否满足顾客的心理期望，在企业营销中是非常重要的。

定价要从顾客的心理出发	2
爱占便宜的消费心理	4
满足顾客的心理期望	6
让顾客感觉物超所值	7
没有谁会愿意舍近求远	9
消费者的十二种消费观念	11
影响购买行为的个人因素	13
具体购买行为的影响因素	15
了解客户购买商品的步骤	16
认清客户以及客户的种类	18
客户想要更多的产品附加值	20
顾客都有怀疑的心理	24
巧用客户的怀旧心理	26
消费者的追求时尚潮流的心理	31
善于倾听顾客的声音	34

利用客户的"从众"心理 ·· 38
客户需要一种被满足的感觉 ································· 41
商品陈列是一种无声的推销语言 ························· 44

第二辑 坚定执着,做自己情绪的主人

销售人员每天都需要用技巧来提升自己情绪的感染能力。但是日复一日单调的工作环境、捉摸不定的客户、变化无常的市场、精明能干的竞争者……这些原因都在压抑着原本就紧张不安的销售人员,那么如何才能保持激情呢?答案就是做自己情绪的主人。

用积极的心态对待暴单 ·· 50
克服恐惧心理,促成交易 ····································· 52
推销自己比推销产品重要 ···································· 54
学习应成为你的信仰 ··· 56
懂得在反省中获得进步 ·· 58
微笑是谁都无法抗拒的魅力 ································· 60
做自己情绪的主人 ··· 63
自信才能赢得客户认可 ·· 66
忍让与业绩成正比 ··· 69
好脾气创造好业绩 ··· 72
练就豁达的心态 ·· 75
鼓起勇气,战胜怯场 ··· 77
拒绝悲观,坚持到底 ··· 79
磨炼恒心,绝不半途而废 ···································· 83
遇到挫折,永不放弃 ··· 86

目 录

第三辑　运筹帷幄，洞悉客户消费心理

　　从心理学的角度来讲，人们做任何事都是为了满足其各种各样的心理需求，当心理需求得不到满足的时候，其内心就会处于"饥渴"状态，迫切地希望能够通过各种途径得以弥补。

　　人的欲望是无限的，这些欲望包括物质方面的和精神方面的，而且二者是并存的。在物质需求得到满足的同时，人们更希望得到心理需求的满足。

抓住客户的"从众"心理 …………………………… 90
人人都想享 VIP 待遇 ……………………………… 92
客户都有怕上当受骗的心理 ……………………… 94
价格对客户的影响 ………………………………… 97
客户都有占便宜的心理 …………………………… 98
你不卖，客户偏要买的逆反心理 ………………… 101
按照顾客的性格进行沟通 ………………………… 104
学会与不同的客户做生意 ………………………… 106
帮摇摆不定的客户决策 …………………………… 108

第四辑　有效沟通，掌握说话与倾听艺术

　　语言作为人们相互传达信息的一种媒介，会让人们的心理产生不同的反应。所以，销售人员在平时的销售过程中，应该注重语言的学习和积累，让自己在不同的场合，面对不同的顾客时，能够运用得体、恰当的语言来准确地传递信息、表情达意，以便于达到最佳的表达效果。

销售心理学

怎样说话客户最爱听…………………………… 111
善于倾听才能说出客户爱听的话………………… 114
说到顾客心里去…………………………………… 117
用词要入乡随俗…………………………………… 120
在说话中推销自己………………………………… 123
善用提问的方式…………………………………… 125
用赞美性的话语去销售…………………………… 128
把顾客当成朋友…………………………………… 132
让自己的语言富有创意…………………………… 135

第五辑　注重细节，拉近与客户的心理距离

成功的销售者都是通过对一个个细节的重视，才能最终"征服"顾客。可见，细节具有表情。在销售中的每一个环节里，任何细微之处都透露出你的心意、你的素养、你的气质。而顾客通常都很会察言观色，他们从你得体的谈吐、专业的知识和你所提供的销售建议中就能够轻易读出你的诚意。

成功源于细节…………………………………… 139
打造无敌亲和力………………………………… 142
把高帽子给顾客戴上…………………………… 144
直击推销语言艺术……………………………… 145
推销中的幽默规则……………………………… 147
与客户思维保持同步…………………………… 149
抓住一切机会帮助顾客………………………… 151
从有益于客户的构想出发……………………… 152
得体仪表和着装是赢得客户的前提…………… 153
寻找彼此间的共同点…………………………… 156

目 录

让客户先挂电话……………………………………… 160
守时可以赢得订单…………………………………… 163
用踢猫效应拉近与客户的距离……………………… 166
记住客户的名字……………………………………… 169
学会以客户为中心…………………………………… 170
微笑是你的第一张名片……………………………… 172
认同心拉近与客户的距离…………………………… 174

第六辑 攻心为上,掌控销售谈判心理与技巧

如果销售人员不能在短时间之内,用最有效的方法来吸引客户的注意力,那么你接下来对客户所说的话都是毫无意义的。所以,与其口若悬河地讲解自己的产品有多的好,以及产品具有怎样的价格优势,还不如多考虑一下要怎样才能吸引客户的注意力。只有当客户将所有注意力放在你身上的时候,你才能够真正有效地开始你的销售过程。

从开始就攻占客户的内心……………………………… 178
用话语牵着客户的思维走……………………………… 180
以退求进的销售策略…………………………………… 182
眼神的巧妙运用………………………………………… 185
要留心"无声语言"……………………………………… 187
洞悉谈判对手的心理状态……………………………… 189
不同对手采用不同打法………………………………… 192
把握让步的原则与尺度………………………………… 194
将心理战进行到底……………………………………… 195
对谈判对手进行归类、分析…………………………… 198
利用竞争优势压制对方………………………………… 200

暗藏玄机的谈判地点……………………………………… 203
选择有利的谈判时间和环境……………………………… 205
销售谈判中说"不"的技巧………………………………… 209
谈判的最高境界——达成双赢的局面…………………… 212

第一辑

做好销售,先从认知客户心理开始

> 顾客的需求不同,心理期望值就会不一样。我们常常讲,顾客就是上帝。能否满足顾客的心理期望,在企业营销中是非常重要的。

定价要从顾客的心理出发

在产品推销中,价格是一个非常敏感的因素,合理的价格能够让顾客顺利地接受你所推销的产品。在大街上,我们经常会看到一些"2元店""5元店"之类的小商铺,还有在买衣服的时候经常会看到98元、118元的字样,这些都是商家为了迎合顾客图实惠、图便宜、图吉利的心理,在商品定价上玩的数字游戏。通过这些定价上的取巧,来达到吸引顾客的目的。事实上,这就是心理学在产品定价上的运用,只要不用价格来欺诈客户,这是非常值得销售人员去学习和借鉴的。

当然,在现阶段的市场经济条件下,将价格固定不变也是不可能做到的,因此应当在销售过程当中预留出适当的价位变化的空间,以便销售人员和客户谈判。

在美国,曾对商品的价格做过一次调查研究的内华达大学商业研究中心发现:产品的价格和产品的成本、运费、利润的关系并不是很明显,市场供求关系和消费人群的心理购买预期才是影响价格最明显的因素。消费者的心理购买决策是定价最敏感的因素之一。所以,销售人员要把客户的心理需求作为定价的重要依据,才能够充分地激发客户的购买欲望。

大多数的顾客虽然都想购买物美价廉的商品,但是随着顾客日益提高的消费水平和消费心理的变化,销售者不得不及时地实施从"优质低价"向"受顾客支持的价格"转变的方针。

近年来,消费者选购商品的行为出现了高级化的趋向,特别是在发达国家的市场上,越是品质好、价格高的产品越是畅销。就如利维·斯特劳斯公司生产老牌的"利维"牌牛仔裤,每条售价是15美元。而扬宾尼公司为了对这家公司进行挑战,于是每条定价30美元,同时再以成功的广告宣传来辅助,便迅速提高了公司产品的声望。这样,以高档商品的形象出现的高价牛仔裤,反而比低价牛仔裤更受顾客的欢迎。最后利维·斯特劳斯公司的总经理只能失声惊呼:"扬宾尼公司占领了美国大半个牛仔裤市场。"这就是利用了顾客对公司产品的声望来进行定价的策略。

声望定价是参考产品在消费者心目中的声望的一种定价策略。这种策略正好迎合了顾客的高价炫耀心理。所以,消费者看重的并不是产品的价格,反而对自身地位和身份的彰显才是他们最看重的,因为昂贵的价格更能满足他们的炫富心理。这个策略适用于那些知名度较高、市场较大、深受消费者欢迎的驰名商标。

有一家大药房,他们先把一瓶价值220元的补药定位于100元,低价出售,从而引来消费者纷纷抢购。最后他们不但没有亏本,反而盈余,盈利每个月都在逐渐增长。因为药店里不止这一种药,人们以为补药便宜别的药也便宜,所以便形成了盲目的购买心理。这家药店利用的就是招徕定价法。

招徕定价策略适用于经营日用消费品为主的大型销售商,先把一部分商品价格定低一些,来吸引顾客,而真正的目的却是招徕顾客购买低价商品的同时,带动其他高价商品的销售。但需要注意的是:这些低价的"牺牲品"最好是那些需求弹性较大的商品,这样才能通过高销售量来弥补低价的损失。

在美国纽约,有一种为了使价格得到消费者的支持,而非常特殊的"9角9"商店。它是一种规模很小的自选商店,主要出售日用杂货、厨房用品、家用小五金以及常用药品等。这类商店一般是以99美分的单价来出售组合商品,如:一盒牙膏和一盒饼干的售价就是99美分。虽然99美分离1美元仅差1美分,但这1美分之差却对消费者的心理产生了两个方面的重大影响:一方面,给消费者以准确定价的心理影响,使消费者感到销售者的定价是认真的、合理的,即使1分钱也不凑成整数,因而对商品的价格产生了一种信任感;另一方面给消费者以价格偏低的心理影响,99美分与1

美元虽只差1美分,但给人的感觉是"不到1元钱"的商品,如果是"1元零1分",那就会给人造成"超过1元钱"的感觉,在心理上,这两者价格概念的差距可能比实际差距要大得多。因为商品的价值各不相同,所以,我们不可能将所有商品都定9角9分的价。现代心理学研究表明:价格尾数的细微差别,绝对会对消费者的购买行为产生很大的影响,尾数定价策略迎合的是消费者求廉价的心理。一般认为,5元以下,价格尾数以9最受欢迎;5元以上,价格尾数以95的销售效果最佳;百元以上的商品,价格尾数以98最为畅销。在我国8、6、9的定位较常用。这就是商家利用顾客心理而实施的尾数定价策略。

显而易见,价格对产品在销售市场上的地位、销售方的形象和声誉存在着巨大的影响。同时也影响着竞争对手的行为。因此,它对顾客的消费心理和购买行为有重大作用。所以,销售者要利用顾客的不同心理,灵活地采取各种不同的定价策略对商品进行定价。

❧ 爱占便宜的消费心理 ❧

每到节假日或特殊的日子,商场、超市等各大卖场都会不约而同地打出打折促销的旗号,以吸引更多的客户前来消费,而折扣越低的店面前面,人也就越多。很多人明明知道这是商家的一种促销手段,但依然争先恐后雀跃前往,以求买到比平时便宜的商品,这是为什么?

爱占便宜!爱占便宜是人们比较常见的一种心理倾向,在日常生活中,物美价廉永远是大多数客户追求的目标,很少能听到有人说"我就是喜欢花更多的钱买同样多的东西",用少量的钱买更多更好的商品才是大多数人的消费态度。

我们不妨看一个案例:

第一辑 做好销售,先从认知客户心理开始

一位顾客在逛超市时发现一个让他百思不得其解的现象,某知名品牌正在促销洗衣粉,然而一袋500克洗衣粉的价格是7.9元,而两袋的价格却是17元。也就说,顾客一次买两袋还没有买一袋划算。他以为自己看错了,就叫来销售人员询问,销售员明确无误地告诉他,这是不会出错的,全国都一样。

通过和其他品牌洗衣粉价格进行比较,这位顾客判定,一袋的价格是标错了,价格肯定是大于8.5元的,他立即决定买了一袋回家。他相信,用不了多久,单袋的价格就会调整。

回到家后他将自己在超市看到的奇怪现象告诉了左邻右舍,大家都纷纷前来超市观看,也一致认同这位顾客的判断:单袋的价格肯定会提高,要不那两袋捆绑在一起的怎么能是促销呢?他们在离开超市时都各自买了一袋洗衣粉回家,有的人甚至买了几袋。

过了一周,价格依然没被改正过来。最早发现这个现象的那位顾客开始怀疑自己当初的判断:作为全国知名品牌,肯定是有着严格的价格管理制度的,这么长时间过去了,还没调整过来,那只能说明自己的判断是有问题的,也许这个价格的背后隐藏有其他阴谋。

他花了一天的时间来观察这个洗衣粉的销售,前来购买的人络绎不绝,大家都认为这是标错的价格,现在购买一袋是占了便宜的。这下让他彻底明白:原来企业就是要让顾客产生占便宜心理,最终使销售量得到增长。看来真是买的没有卖的精明。

顾客爱的不一定是便宜,但一定会爱占便宜。爱占便宜是顾客的习性——习惯性行为。人们总希望以最少的投入(包括时间、精力、金钱等)来获取最大的收益。

爱占便宜追求的是一种心理满足,而每个人都或多或少地具有这种倾向,唯一的区别就是占便宜心理的程度深浅。我们所说的爱占便宜的人,通常是指占便宜心理比较严重的那部分人。销售过程中,这类客户不在少数,他们最大的购买动机就是是否占到

销售心理学

了便宜。

所以,面对这类客户,销售员可以利用这种占便宜的心理,通过一些方式让客户感觉自己占到了很大的便宜,从而心甘情愿地掏钱购买。

对于爱占便宜型的顾客,只有善加利用其占便宜心理,如使用价格的悬殊对比或者数量对比进行销售。利用价格的悬殊差距虽然能对销售结果起到很好的效果,但多少有一些欺骗客户的嫌疑,所以,在使用的过程中一定要牢记一点:销售的原则一定是能够帮助到客户,满足客户对产品的需求。做到既要满足客户的心理,又要确保客户得到实实在在的实惠。这样才能避免客户在知道真相后的气愤和反效果,保持和客户长久的合作关系,实现双赢结果。

满足顾客的心理期望

营销大师杜拉克(又译为"德鲁克")曾在他极具影响力的著作《管理的实践》一书中,着重强调了"以顾客为导向"的营销理念。有数据表明,大约每四位顾客中就有一位对供应商不够满意,并且不确定今后是否要继续与之合作。因此,满足消费者的心理期望是企业在营销中的首要任务。

大名鼎鼎的宝洁公司,其主要产品已经在中国市场占有最大份额,并颇受中国老百姓喜爱。宝洁公司成功的关键在于,其产品能够以情入手,在消费者普遍开始关注健康生活的时候,它将健康的生活方式、全新的健康理念和可信的健康用品带到消费者身边。

宝洁公司推出的健康生活的理念深入人心,向人们发出了善意的问候:"你洗头了吗?我们推出的洗发水是最适合您用的洗发水";"你会洗头吗?我们告诉你正确的洗头方法";"你洗得好吗?我们来指导你如何使用护发水";"你有头屑吗?我们的洗发水能够帮你治头屑。"

在这一系列宣传主题的背后，体现的是宝洁公司对消费者心理期望的把握。可见，宝洁公司的成功不是偶然，而是充分掌握了消费者的心理，满足了消费者的心理期望。

1992年的一项调查表明，80%的美国企业认为，顾客是其产品创意的最佳来源。这不难理解，因为只有满足顾客心理需要的产品才能卖出去。从顾客那里获取创意的最好方法就是进行市场调查或用户对现有产品的购买、使用的印象、意见等情况。

一位客户去买油漆，服务员向他推荐某著名品牌的油漆，并向他介绍其质量非常好，5年或10年都不会褪色。然而，这位客户是饭店老板，油漆5年不褪色对他来讲没有多大实用价值，因为饭店不可能5年才装修一次。

顾客的需求不同，心理期望值就会不一样。我们常常讲，顾客就是上帝。能否满足顾客的心理期望，在企业营销中是非常重要的。假如这位客户买油漆是家用的，服务员告知油漆价格偏贵，他可能不予接受，但如果重点向他推介油漆的品质保障，顾客就会很心动，因为对于买家用油漆的顾客来说，5年不褪色是条很诱人的价值信息。

无数成功的营销案例说明：把握顾客的心理期望，并依据其期望制定的营销策略才能在市场中立于不败之地。许多经营者虽也在口头上说"以消费者心理为中心"，但长期的"思维定式"使其头脑中形成的还是以我为中心的经营观念，对消费者心理期望并不了解，所以导致市场越来越小，生意越来越难做。行销人员要切记的一点是：顾客心理期望是生意的契机，只要能够满足顾客的心理期望，公司的发展就会有保障。

让顾客感觉物超所值

市场竞争越来越激烈，消费者对商品越来越挑剔，往往货比三

家、千挑百拣。商家若不下足力气,很难留住消费者的心。在消费者的购买行为中,促使消费者做出购买决定并不完全是因为产品本身的价值,消费者感觉价值的判定是消费者是否购买的重要依据。当顾客对某一产品感觉物超所值时,就会较为容易地做出购买决定。

某软件公司销售人员向北京一家贸易公司财务部部长推销一款财务软件。这款软件定价为3600元,部长觉得价格有点高,一直为是否购买而犹豫不决。

看到这种情况,销售人员决定为这位部长算一笔账。他问部长:"部长,对账费时间么?不知道您这边是经常需要对账呢,还是偶尔才需要对一次账呢?"

部长表示,由于这家贸易公司是大型卖场和厂商的中间商,需要在财务上每天和卖场及厂商进行核账。一天起码有3个小时的时间是用在核账上面。部长对此很苦恼。

于是销售人员就趁机说:"我们这款软件的授权使用时间是10年,平均下来每天的成本才1元钱。而这1元钱对公司来说,可以忽略不计,而对您的意义可就大为不同。它使您每天空出3个小时的时间。您觉得值不值?"

部长肯定觉得值,等到销售人员刚把话说完,他就立即决定购买一套。

让顾客感觉物超所值,牵涉一个重要概念:顾客价值。顾客价值是从消费者的感官为出发点的概念,它是指顾客从购买的产品或服务中所获得的全部感知利益与为获得该产品或服务所付出的全部感知成本之间的对比。如果感知利益等于感知成本,则是"物有所值";如果感知利益高于感知成本,则是"物超所值";如果感知利益低于感知成本,则是"物有不值"。

从销售技巧上看,销售人员最后使客户欣然接受了这款软件的价格,是因为巧妙运用了"除法原则"。销售人员将3600元的财务软件，最后分解为每天的成本才 1 元钱，使客户在心理上觉得价格足够便宜。但从消费者心理学上看，销售人员的销售技巧使部长产生了一种物超所值的感觉。花 1 元钱就能换来 3 个小时的空闲时间，天底下哪还有这么超值的事？

营销大师科特勒教授曾经说："除了满足顾客以外，企业还要取悦他们。"随着营销服务的快速发展，以往的"顾客满意"已经不能得到消费者的青睐。在市场竞争越来越激烈的情况下，要想使产品畅销，使企业永远处于不败之地，应该更为关心顾客是否感动。

因为顾客是企业产品和服务的最终购买者，他们的感知对于企业来说就是一切。无论产品或服务实际情况如何，只要顾客感觉好就是好。所以，从顾客价值的角度出发，如果顾客感到一个企业的产品价值高，那么这个企业的产品就有竞争力。为了保持长久的市场竞争力，就要尊重和引导顾客的心理感受，让顾客觉得当前选择就是最划算的决定。

优秀的销售人员一定要在顾客价值上多做文章，通过抓住让消费者"心动"的关键点，使消费者在心理上产生物超所值的愉悦感和满足感，从而使企业获得销售机会。

没有谁会愿意舍近求远

顾客在消费时有时会舍近求远，但这种消费一般都是很重要的消费，比如买高档时装、买车或珠宝。如果仅仅是购买日常生活用品，没有顾客愿意舍近求远。以 7—11 为例。

7—11 店铺遍布多个国家和地区，全球店面数目逾 3 万家，是全球最大连锁店体系。但这家店铺一开始并不是一个百货店。它原本是一家专门销售冰块的公司，但是因为周围的居民对该公司要求越来越多，比如能否买到面包、酸奶之类，公司觉得这也不错，

干脆就顺着消费者的要求做了。结果一不小心就成了美国便利店的原创。

便利店能否生存的第一条件就是方便性，可以说这是一个便利店充满生命力的原因所在。每日24小时通宵营业即为便利店的主打。

7—11能够成功的原因就在于它与众不同的营销概念。它做了反常规的经营手法。它没有像其他小店一样，从生产商的角度来组织店铺，而是以顾客为中心来开店和调整商品种类。我们看不到7—11有什么特别的地方，而且价格并不便宜，有的商品甚至比其他小店贵得多。但是因为它在为消费者提供便利这方面做得非常好，所以每日客源不断。

7—11在店址的选择上，最根本的出发点就是便捷，即在消费者日常生活行动范围内开设店铺。此外，7—11还尽量避免在道路狭窄处、小停车场、人口稀少处及建筑物狭长等地建店。

7—11推行的是24小时营业制度，因为根据店铺地点的不同，每家店铺的黄金营业时间也不同。比如靠近公司周边的7—11，每天早晨和中午是一天的黄金时段。期间会有大量的白领到7—11来买便当和饮料。靠近居民区的7—11，夜间往往是黄金时段，因为很多大城市加班的白领都是在回家途中的便利店购买食物。

7—11充分发挥了人无我有、人有我全的原则，一切以顾客的需求为中心，处处从消费者群体的购物习惯和消费嗜好出发。根据单身一族的生活习惯，7—11贴心地推出了饭团、各种便当、各种生活用品等适销对路商品，将便利店完全融入顾客的"生活情景"中，让货柜上的商品"自然地"向顾客招手。

从7—11这个成功的案例中我们可以发现，在小店的经营理念中，价格便宜固然重要，但是方便顾客更为重要。如何把顾客的需要自动送入他们的视线之中，为他们提供充分的便利，才是销售人员更需要重视的问题。

消费者的十二种消费观念

随着社会生产力水平和人们生活水平的不断提高,人们的消费心理和消费行为正在发生着巨大的变化。销售者要想长远地占领市场,必须研究和把握人们的消费观念。

一、追求实用

满足某种消费需求,始终是人们购物的基本动机。因此,追求商品的实际使用价值,是人们购物的第一动机。实用中的实,首先是指所购之物好用、耐用,其次是指所购之物能为使用者带来更多的实际利益,比如方便、省力、省时等。

二、追求美感

爱美是人的一种本能和普遍要求。顾客在选择商品时,特别注重商品本身的造型美、色彩美,注重商品对人体的美化作用,对环境的装饰作用,以达到艺术欣赏和精神享受的目的。

三、追求新颖

追求商品的新颖,既要求商品具有新的更广泛、更高级的功能,能满足更高级的消费需求,又要求商品的外观造型、装潢包装具有新颖性。

四、追求品牌

这是一种以显示自己的地位和威望为主要目的的购买心理。他们讲名牌,用名牌。他们认为,吃、穿、住全讲究名牌,这不仅提高了生活质量,更是一个人社会地位的体现。

五、追求实惠

实惠始终是人们的购买准则之一。在质量优良的前提下,价格合理与低廉,往往是人们购买决策的重要依据和原则。这包括两种重要心理动机:一是追求价值的增值;二是求廉心理,即通过

计划与精心安排,用有限数量的货币去办更多的事情、购买更多的物品。

六、追求新奇

好奇是一种普遍的社会现象,没有有无之分,只有程度之别。一些人专门追求新奇,赶时髦,总是充当先锋消费者,至于是否经济实惠,一般不大考虑。

七、满足自尊

有这种心理的顾客,在购物时既追求商品的使用价值,又要求店铺营业员能热情相待。他们在购买行动发生之前,就希望他的购买行为受到营业员的欢迎和热情友好的接待。

八、特殊癖好

这是一种以满足个人特殊爱好和情趣为目的的购买心理。有偏好心理动机的人,喜欢购买某一类型的商品。这种偏好性往往同某种专业、知识、生活情趣等有关,因而偏好性购买心理动机往往比较理智,指向也较稳定,具有经常性和持续性的特点。

九、自我炫耀

在这种顾客眼里,购物代表着个人的财力和欣赏水平。他们是消费者中的尖端消费群,购买倾向于高档化、名贵化、复古化。这部分消费者往往具有雄厚的消费实力。

十、追求信用

这是以追求商品的生产厂家或经销商的信誉为主要目的的购买动机。一般来说,商业信誉高的企业,其产品买起来放心,特别是一些老牌子产品,人们对其信任感与忠诚感较高。这类企业及其产品,就比较容易成为顾客的购买决策目标。

另外,得到质量权威机构认可的标志产品、认证产品,得到著名人士推荐或出现在重大社交场合的产品,被质量评优机构评选上的产品,也比较容易取得顾客的认可和购买。

十一、随波逐流

作为社会的人,总是生活在一定的社会圈子中,有一种希望与他应归属的圈子同步的趋向,不愿突出,也不想落伍。受这种心理支配的消费者构成追随消费者群,这是一个相当大的顾客群。研究表明,当某种耐用消费品的家庭拥有率达到 40% 后,将会产生该消费品的消费热潮。

十二、相互攀比

攀比,社会学家称之为"比照集团行为"。有这种行为的人,照搬他希望跻身其中的那个社会集团的习惯和生活方式。只要别人拥有,不管自己是否需要,是否划算,也要购买。

影响购买行为的个人因素

营销大师科特勒指出,世界各地的消费者在年龄、收入、教育水平、品味方面差异巨大,这些造成了消费者购买产品和服务的千差万别。消费者的购买决策受到若干个人因素的影响。这些个人因素包括学习、动机、生活方式、态度和感觉等。

一、学习

人们从行动中学习,学习是指个人由于经验而改变其行为。学习理论家认为学习是经由驱动力、刺激、暗示、反应和强化之相互作用而产生。

譬如,张三有一种强烈的驱动力,所谓"驱动力"是指促使一个人采取行动之强大内在刺激,当此驱动力导致张三去追求某一可减弱驱动力的"刺激物"时,它就成为一种动机。

然而,张三对购买汽车这个想法的反应,也受其周围暗示的影响,"暗示"是较微弱的刺激,它决定消费者何时、何地及如何反应。看到汽车的电视广告和展示场中的汽车、听到汽车大减价的消息,以及朋友的鼓励,都是影响张三对购买汽车这个动机如何反应的

暗示。

假如张三买了丰田汽车,而且事后证明是值得的,则他对丰田汽车的反应就获得了强化,以后再买丰田汽车或建议亲友买丰田汽车的可能性就越大。

二、动机

一个人在任何时刻都有许多需要,其中某些需要是生理的需要,这些是由于饥饿、口渴以及其他不适所引起的生理紧张状态,另外一些是心理的需要,这些是由于需要被肯定、受尊敬或归属感等所引起的心理紧张状态。当上述的需要达到某一足够的强度后,即可变成一种动机或驱动力。

动机是一种被刺激的需要,它足以促使一个人采取行动以满足其需要。需要满足之后,人的紧张状态即可解除。消费者的购买行为常受其动机所左右。张三为什么想买一部汽车?他想追求的是什么?他想满足何种需要?这些都是营销人员要设法去了解的。

三、生活方式

生活方式包括使用时间和花费金钱的方式。一个人的生活通常通过他的活动、兴趣和意见来表达。即使人们来自相同的亚文化、社会阶层或职业群体,也可能有不同的生活方式。譬如,张三可以选择努力工作追求成就的生活方式,也可以选择游山玩水、悠闲自在的生活方式。假如他选择了悠闲自在的生活方式,他可能会腾出许多时间去观赏电影、逛街或到各地旅游观光。营销人员应设法了解消费者的生活方式。

四、态度

通过态度研究,人们希望能够更好地预测消费者的行为,但这常常是徒劳的。首先,消费者所声称的意向常常靠不住。其次,从行为的倾向开始,有许多因素能够改变消费者,如一则广告传闻或与家人或朋友的一次谈论。这些难以预测的因素使得态度——哪怕它是有利于倾向指定产品的测量——仅仅是一个不完善的消费者行为预言家。

态度的测量常常过于忽略行为面。因为人们研究态度一般考虑的是态度的认识面（消费者对产品了解多少）和情感面（消费者对产品怎么想），而经常遗忘了测量意动面（消费者为了获得或避免该产品会打算怎么做）。

五、感觉

感觉是指人利用眼、耳、鼻、舌、身等感觉器官，接受物体的色、香、味、形等刺激而引起的内在反应。感觉是消费者是否决定购买的第一要素。因此，企业应该把商品的外观、色泽等充分展示给消费者，加强其感觉，从而更好地刺激需求，以激发消费者的购买行为。

具体购买行为的影响因素

顾客具体购买行为主要包括购买对象、购买理由、购买方式、购买地点、购买时间和购买频率等六种行为。由于每种购买行为的具体内容不同，其影响因素也不同：

一、购买对象

购买对象是指顾客在众多的商品之中选择所要购买的具体商品品种和数量。其影响因素主要有：商品品牌、型号、款式、颜色、包装等产品自身因素，市场行情、价格、售前服务、售后服务等营销因素。

二、购买理由

购买理由是指顾客为什么要购买这种商品，引发购买决策的需要和动机是什么。其影响因素包括：个人或家庭的生活、学习、工作、兴趣、爱好等各种内在需要，收入增加、商品价格变化、群体压力、上门推销、广告刺激等外在因素。

三、购买方式

购买方式是指顾客在购买商品时是自己购买或托人购买,商店购买或邮购、电话订购或送货上门,现金购买或使用信用卡,一次性付款或分期付款。其影响因素主要有:个人购买习惯;销售商提供的购买方式的可选择性,方便程度,可靠程度,所耗时间长短等。

四、购买地点

购买地点是指顾客到哪里购买自己所要买的商品,惠顾什么样规模、性质和特点的店铺。其影响因素主要有:居住地点区域,交通状况,商业网点的分布,店铺的信誉,服务质量,服务方式,购物环境等。

五、购买时间

购买时间是指顾客具体的购买时间选择,白天或晚上,平时或周末,节假日,季节转换前后,换季大减价期间。其影响因素包括:生活习惯,购物习惯,上下班及休息时间安排,商品本身的季节性和时令性等。

六、购买频率

购买频率是指顾客多长时间购买一次,每次购买多少。其影响因素包括商品的寿命、使用周期、消费强度和频率,家庭结构,收入水平,商品更新换代速度等。

了解客户购买商品的步骤

了解客户购买商品的步骤,就如同看见客户的脉络一样,有利于我们把握主导权。客户购买某种商品大致要经过以下几个步骤:

一、寻找与自己需求相同或相似的商品

不论是销售人员登门拜访,还是客户主动光顾,客户都要首先

分析自己的需求,比如。是否需求某种产品或服务,需要哪种类型的产品或服务等。在分析需求的过程中,客户首先会根据自己以及周围事物的各种情况形成某种需求判断,这些判断有时会促使客户采取进一步行动,有时会让客户做出拖延行动的决定。此时销售人员应根据平时积累的经验主动引导客户说出自己的需求。

二、购买目标明确化阶段

虽然客户在采取进一步行动之前已经对自身需求进行了一番分析,但是大多数时候,客户仍然不能确定自己要购买的明确目标。此时,客户会根据各种相关信息和自身需求在一定范围内寻找购买目标。比如,一些消费者喜欢根据各种信息选择自认为合适的购买场所,在具体的购买场所当中会留意那些可能符合自身需求的商品。

三、熟悉准备购买的商品阶段

几乎没有什么客户会在对商品完全不了解的情况下就决定购买。在决定购买之前他通常想了解这种商品的名称、规格,甚至生产商的信息。

四、认识商品用途的阶段

在对准备购买的商品有了一定的基本了解后,客户通常愿意听到进一步的信息,比如关于此商品的功用,也就是它的到来能为客户带来什么益处。

一位真空吸尘器的销售人员对一位家庭主妇说:"您可以想一想,从现在起,您就再也不用为了繁重的家务劳动而发愁了,您可以从满身的灰尘和疲劳的家务劳动中解放出来。这样,您就可以拥有更充分的时间关心丈夫和教育孩子,比如您可以有更多的时间陪丈夫和孩子出外散步,或者看书、休闲,或者出外学习茶艺和插花等。可以想象,您的生活将会因为一台小小的吸尘器而变得多么丰富多彩呀!"

五、和其他同类商品比较阶段

销售人员对商品优势的介绍可能会在客户心里形成一种积极肯定的判断,不过客户还可能通过其他途径产生同样积极肯定的判断,比如从你的竞争对手那里。这时,客户就需要全方位地对同类商品进行比较和权衡,客户比较和权衡的依据主要有商品的质量、价格、功能、经济承受能力、品牌、流行趋势等。通过全方位的深入比较和分析,客户会选择出自己认为各方面条件比较优秀而价格又合理的商品。

在这一关键环节,销售人员需要尽力说服客户,让他明白你的商品是最适合他的。

六、准备购买阶段

眼看着客户就要掏钱了,此时最不可掉以轻心。稍微在言行举止上有什么不妥的地方就有可能导致前功尽弃。

七、购买之后的使用阶段

签单、交钱等环节并不是销售的终结,此后客户还会有许多问题希望得到我们的帮助。售后服务、跟踪很重要,这样能及时掌握第一手商品使用情况,有助于维护客户忠诚度。

客户购买商品的决策过程大抵都要经历以上 7 个步骤,尽管顺序可能会有变动,但总体上是遵循此发展脉络的。我们首先需要从理论上把握客户的这些购买心理。

认清客户以及客户的种类

客户是分不同等级、种类的,我们必须懂得为他们划分级别,这样才好区别对待。对客户的概念含含糊糊,就如不知将东西卖给谁一样,势必导致客户管理工作的失败。

Green Hills Farms 是一家位于纽约市的家族式管理的大企业,公司把顾客分为四类:钻石类,即消费量最大的顾客;接下来是红宝石类、珍珠类和猫眼类。公司通过发行一种会员卡从各个连锁店收集这些消费数据,然后进行分析。

公司发现,有些顾客可以持续地每两个月光顾一次,也有一些顾客隔三岔五地就来买东西。此外,试图去改变价格本位的顾客简直是吃力不讨好的,而想让低消费者增加消费额,这也不大可能。鉴于此,公司把大量的人力物力投入大主顾身上。

在营销学中,客户、公司内部上流程与下流程的工作人员都被称为客户。以下要点可以帮助你更好地理解客户的内涵。

客户不一定是产品或服务的最终接受者。处于供应链下游的企业是上游企业的客户,他们可能是批发商、零售商或物流商,而最终的接受者是消费产品和服务的人或机构。

客户不一定是用户。处于供应链下游的批发商、零售商是生产商的客户,只有当他们消费这些产品和服务时,他们才是用户。

客户不一定在公司之外,内部客户日益引起重视,它使企业的服务无缝连接起来。因为人们习惯于为企业之外的客户服务,而把企业内的上、下流程工作人员和供应链中的上、下游企业看作同事或合作伙伴,因而淡化了服务意识,造成服务的内外脱节和不能落实。

下面介绍几种常见的客户分类:

一、从营销的角度分

1. 经济型客户:这类客户最关心产品的价格。

2. 道德型客户:此类客户欣赏社会责任感强的企业,比如经常为抢险救灾或慈善工程等捐款的企业。

3. 个性化客户:此类客户需要更多的沟通、交流以获得认可。

4. 方便型客户:此类客户会更关心他的购买与维修等是否便利。

二、按客户的性质分

1. 政府机构及非私营机构

2. 特殊公司
3. 普通公司
4. 交易伙伴及客户个人

三、从管理的角度分

1. 关键客户
2. 潜力客户
3. 常规客户

各个企业可根据自身的特点，将自己的客户分类、归档，使其易于管理。

客户想要更多的产品附加值

这是一个物质丰盈的时代，消费者随时随地都可以买到自己需要的商品，但为什么顾客就是不买你的？为什么会有这么多的拒绝？每天都有不同行业的销售者被这些问题所困扰。

其实，这是由于日益严重的产品同质化现象不断冲击着消费者传统的购物观念，人们的消费模式日益从"物质"的消费转向"感受"的消费，逐渐倾向于感性、品位、心理满意等抽象的标准，对于消费者来说，很多地方都有同样产品，这里不满意，可以选择满意的地方再买；这里的服务态度不好，可以到服务周到的地方去买。因此，产品附加值在消费者心中的地位就越来越重要。在销售过程中，消费者想要购买的不仅仅是商品本身，同时还有销售员的服务态度和服务精神。

消费者的购买情绪是带有感情色彩的，有许多顾客完全是凭着一种感觉来决定是否购买，而这个感觉是销售人员带给他的。所以，在推销产品之前，你就要先推销自己，要推销顾客对你的好感、信任等积极正面的形象。顾客拥有很丰富的想象力，有时，当他看到某商品时，就会想到你，他看到你就会想到你所推销的产品。

作者安东尼博士曾经说过:"68%的潜在顾客未购买你的产品,原因在于他们觉得推销员态度不佳,未能促使他们对商品产生兴趣;14%的潜在顾客之所以不购买向他们推销的商品,原因在于他们认为推销员的言辞并不真实。"

所以说,顾客买的不是产品,而是你的服务态度和服务精神,你的为人处世。你可能会遇到这种情况,你一看见某人就心生喜欢,你喜欢他的为人处世,你就会喜欢他所推销的产品,这叫作爱屋及乌。你一看见某人就心生讨厌,同时也就讨厌他的产品。所以对于销售者来说,当客户大多都拒绝时,就说明你让客户不够信任、不够喜欢。如果你用友好、诚心诚意的服务态度为顾客服务,顾客就会相信、喜欢你,那么购买你的商品也就是顺理成章的事了。

曾经有个保险销售人员,他的年收入超过500万人民币,而且连续15年都超过500万。有人曾经问他:"一般业务员可能拜访顾客一次,不买,他就放弃了,两次不买,放弃了,很多寿险业务员都拜访顾客三次、四次、五次、六次、七次、八次、半年、一年、两年……你收入这么高,你最长的一段时间曾经拜访顾客多久?"他说:"我老实告诉你,我曾经拜访过一位顾客超过15年。"

虽然这位顾客还来不及买便逝去了。但是这个人的儿子跟他购买了,买了最高额的保单,而且,完全都不需要看保单里面所写的一切。

向他提问的人便很纳闷地说:"这个人的儿子投资了这么高的金额,却连保单的内容都不需要看一下?"保险销售人员回答道:"他已经看了15年了,还需要看吗?"

曾经也做过销售员的成功学大师陈安之,就是靠自己竭诚为客户着想的服务态度和服务精神来实现销售目标的。

由此可见,顾客买的不只是产品,他买的更是你的服务精神和

销售心理学

服务态度。

一天,有一对夫妇到车行来买车。他们一边看一边说这个车子的外观不好看,那个车子的价格太贵了,这个车的耗油量太大,几乎把车行的每一辆车都说得一无是处。要是遇上其他的销售员,早就生气地把他们赶出车行了,但是这位销售人员不仅没有生气,还笑着对他们说:"既然你们不喜欢我们这里的车,那你们究竟喜欢什么样的车型?这样好了,我开公司的展示车带你们出去买你们想要的车。如果你们喜欢哪个车型,我可以免费帮你们谈判,因为我知道它有多少的利润空间,你们看这样行不行?"

这对夫妇听了这个销售人员的话后,觉得有些吃惊,这个销售员居然要带自己到别的车行去买车,服务能做到这种程度,真是太不可思议了!但这对夫妇还是同意了销售人员的建议。

于是,销售员就陪着这对夫妇到别的车行去看车。几个小时过后,他们又回到了原地,突然,那个太太说:"我们决定还是购买你们的车。"

销售员说:"你们不是说我们车子不太好吗?"

那个太太说:"是的,你们的车子真的是不太好,但你的服务态度是非常的好。"

由此可见,想要实现销售目的,就要为客户提供尽可能热情周到的服务,客户是在购买产品,他们更是在购买销售员的服务。在销售的过程中,销售员要努力地让客户得到应有的尊重、重视、关怀、体贴和周到,这些有时候远远要比产品的质量更能够打动客户。

所以,销售员首先就应该注重自己的服务态度和服务精神,再尽力帮助客户解决问题。当你这些服务都做得很到位时,客户就会选择购买,同时你也会有很好的销售业绩。相反,你的服务没有做到位,顾客不购买,那也是理所当然的事情。因此,当你被拒绝的时候,不要抱怨,而应该问问自己为顾客做了些什么。

第一辑 做好销售，先从认知客户心理开始

有一次，法兰克去拜访一位客户，他看见客户的小女儿正在地板上玩耍。小姑娘很可爱，法兰克很快就成了她的好朋友。她父亲一忙完手中的事就过来打招呼，他说很久没有买法兰克的产品了。法兰克并没有急于向他推销什么，只是说他有个可爱的小女儿。这位顾客对法兰克说："看得出来你真是喜欢我女儿，如果方便的话，你就晚上来我家参加她的生日晚会吧，我们家就在这商店附近。"

法兰克办完事后，真的去参加那个小女孩的生日晚会了。晚上大家玩得很开心，法兰克一直到最后才离开，当然手里多了一笔订单——那是一笔法兰克从未有过的大订单。法兰克并没有极力推销什么，只不过对客户的女儿表示友善而已，就和客户建立了良好的关系并达到了自己的销售目的。

后来法兰克做到了销售部经理，再后来就是总经理、总裁。他说："在这20多年的推销工作中，我认为推销永远不是目的，而只是一个结果。推销最重要的是推销自己。成功推销自己，成交就成了自然的结果。"

可见，销售员所做的销售工作，不仅仅是推销产品本身，更应该努力地推销自己，自己也是产品的一部分。客户在购买产品之前，一定会先观察其销售员，当客户喜欢这个销售员，相信这个销售员之后，才会选择购买他的产品。

如果消费者只要商品物美价廉，那么所有公司的销售业绩都应该是一样的。然而事实却并非如此。一样的产品，一样的价格，让不同的销售员来推销，其业绩是不一样的。所以，在销售过程中，客户想要的不只是产品，他还想得到销售员竭诚的服务态度和服务精神，销售人员如果能抓住并利用消费者想要得到更多额外的附加值的心理来销售商品，那完成销售业绩便是一件水到渠成的事。

顾客都有怀疑的心理

人与生俱来就具有怀疑的心理，总是怀疑别人对自己不利。如，当受到别人夸赞时，人们不免会猜想：他为什么要夸赞我？会不会别有用心？他这么做，会不会是骗我的？可以说，对他人的怀疑是人天生的一种普遍心理。实际上，怀疑是人天生就有的一种自我保护本能，是避免自己受到外界伤害的必要自卫手段和措施。

在销售的过程中，顾客对销售人员也都存有一种怀疑的心理，即不信任心理。从销售人员那里获取的各种商品信息，通常都让顾客认为有一些虚假的成分，甚至还存在一些欺诈的行为。因此，当销售人员积极地向顾客推销产品时，顾客就会想：这么积极，是不是这些产品质量不好或有其他问题？于是，大多数顾客在与销售人员交流中，都会觉得销售人员的话听不听都一样，通常都不会太在意，部分有逆反心理的顾客甚至会跟销售人员争论不休。

顾客会产生这种怀疑心理，很大一部分的原因是由于在他们以往的生活中，曾经购买的商品不能满足他们的期望或受到过欺诈行为，又或在他的身边发生过太多这种上当受骗的例子以及从新闻媒体上看到过一些损害顾客利益的有关案例等，让他们产生不信任的心理，更加害怕上当受骗。这种怀疑心理往往会给销售工作带来很大的阻碍，因此销售员必须了解客户的这种心理。

可见，对销售人员而言，在销售中，如何快速有效地消除客户的顾虑，是非常关键的。如果销售人员不能从根本上打消顾客的顾虑，就很难促成交易。

事实上，现在社会上有许多骗子都让消费者深受其害，这些骗子还常常仿效销售员的推销方式来行骗，因此消费者看到销售员时就很容易回想起曾经被骗的痛苦经历，同时也没有时间和精力去仔细辨别销售人员的真伪，最终导致他们在潜意识中很排斥销售人员。所以就很容易把销售员和骗子联系起来,并认为推销人员都是骗子,遇到销售人员也总是躲着走,害怕自己上当受骗。

在销售的过程中,有很多消费者在买东西时都会讨价还价,有时甚至会直接说:"你给我降价我就买。"到最后就算你报出最低价,消费者还是会有顾虑。其根源还是因为顾客害怕被骗。让客户有这种心理还在于有些商家促销做得有些过头,如原价 1000 元的产品,没几天就优惠到 200 元,或者随便找个理由就打个 5 折。这时顾客难免会想:一定是产品本来就值几百块,不然怎么一下子就下降这么多?看来他们平时都在牟取暴利,我一定不能上当。当顾客一旦有了这样的想法,你的价格越低,反而越会让他们觉得可疑。

顾客真正想要的是物美价廉的商品。如果顾客刚买了你的产品,到其他地方一看,你卖给他的东西只要半价就可以买到,这样一来,你不仅会失去这个顾客,还会影响你的信誉。

通常情况下,大多数顾客在面对销售人员时,往往都显得十分谨慎,几乎每一个细胞都充满警惕,就怕上当受骗。当销售人员遇到这类顾客时,不能太急于求成,一定要找出他们不能接受你推销的产品的真正原因,然后再想办法消除顾客心中的疑虑。最好能先让自己成为顾客的朋友,这样就能更好地促成销售。

顾客这种怕被骗的心理会让你们的交流产生障碍,但同时也会给你带来机会。因为这种顾客往往是想购买产品的,但是他们总希望你能把价格降到最低,所以会找同类商品如何优惠的方法来刺激你。销售人员与顾客交谈时一定要让客户明白,任何一种商品都不可能十全十美,同时你要告诉顾客的重点是你的产品能让他获得哪些方面的好处,以此来满足顾客的需求和减轻他的顾虑。假如有优惠活动时,也要事先以多种形式告知顾客,这样始终将利益的重点放到顾客身上,就会让客户觉得自己不是被骗而是在获利。

还有一些顾客是担心商品的质量不好或功能不全,对商品的信心不足。这时,你完全可以直接告诉顾客你的产品存在哪些缺点,这样一来,顾客就会觉得你没有隐瞒产品的缺点,是个诚实的人,从而就会对你产生信任感,也就愿意与你再继续交流。同时顾客会感到你很了解他,把他想知道的问题都回答了,疑虑自然就减少了。

显而易见,销售人员主动说出商品的缺点,不但可以避免与客户发生正面冲突,还能使你和顾客的关系由消极的防御转变为积极的进攻模式,进而迅速地促成交易。

在销售的过程当中,销售人员首先需要做的就是向顾客保证此商品绝对物有所值,他们决定购买是一种十分明智的选择,且购买你的产品是在价值、利益等方面最理想的选择。与此同时,销售人员也要尽可能地站在顾客的立场去思考,因为只有当你站在客户的角度去思考问题的时候,才能了解顾客真正需要的是什么,才能为顾客提供最为满意的服务和商品。

消费者怀有顾虑心理是一个很普遍的社会问题,销售人员如果不能消除这种心理,就无法促成销售。所以销售人员要善于巧妙地化解顾客心中的顾虑,让他们可以放心购物,同时也能让自己获得更好的销售业绩。

巧用客户的怀旧心理

这是一个正处于动荡的转型期的时代,旧的事物正逐渐被新的事物替代,新的事物又正在被人们慢慢适应、接受的过程中。面对层出不穷的新鲜事物,若感到不适时,人们心理上大多会陷入一种混沌、迷茫,甚至是恐慌的状态。在这种人人自危的状态下,人们的不安和恐惧心理逐渐显露出来,并开始选择一种安全的心理慰藉。他们通常会不同程度地产生一种怀旧心理,以此来逃避残酷现实,以得到暂时的心理安宁。心理学上的怀旧心理具有一定的积极作用,它可以帮助人调整心态,使其更加平和、返璞归真,可以帮助人认识自我、宣泄感情,是对现实心理压力转移的一种方式。由于人人都想依托这种心理来寻找一种解脱,所以怀旧便逐渐成为一种普遍的社会现象。

因此,在销售过程中,如果销售人员善于将客户的这种怀旧心理进行巧妙的利用,抓住客户的"怀旧对象",有针对性地进行产品介绍与情感交流,就会产生积极正面的作用。

"消费者怀旧是消费者一种伤感或幸福或苦乐参半的感受,也是一种对事物的喜爱,而这些事物通常是在人们年轻时盛行的。"这是霍布鲁克和辛德勒对于消费者怀旧概念的定义。

怀旧是一种常见的心理现象,它是人们对过去念念不忘的人或事的追忆。每个人在心灵深处总是保留着一些对美好往事的回忆,这种回忆就好像陈年美酒一样,越陈越香,越想越有味道。例如以前有一首很著名的歌:"小时候,妈妈对我讲,大海就是我故乡……"这首歌的曲调相当优美、舒缓,勾起人们许多美好而难忘的回忆。再如"抬头望明月,低头思故乡""月是故乡明",这些诗句流露出古人对故土、故乡、故人的思念之情。

销售人员要想利用人们的怀旧心理,就必须先弄清客户所怀旧的人和事。也就是说,在销售过程中给予消费者一定的怀旧元素刺激,用以激发消费者的怀旧情怀,从而勾起他们记忆深处的共同记忆点,并以此来引发购买倾向。怀旧销售首先必须有怀旧元素刺激消费者,例如在南方黑芝麻糊广告中,小男孩的一举一动就激发了消费者的怀旧情怀,使消费者产生一种很想重温童年的感受。而对于那些没有这种感受的普通群体来说,小男孩舔碗的举动也会令其忘不掉那一股浓浓的芝麻糊香。

怀旧销售并非单纯地给产品赋予一个怀旧因素,而是要利用这个因素将企业、产品进行有机的结合。要想激起顾客的情感,就

必须从他们的切身利益出发,才能引起他们的共鸣以及内心的情感变化。其实怀旧并非单纯地倒退,它与创新的关系是相辅相成的,创新的怀旧会给怀旧增添一份特别的情趣。在销售中,挖掘或创造怀旧因素是怀旧销售的关键所在。所以,销售员要真正了解怀旧客户群的特点,就要主动挖掘自己的产品、品牌中潜在的怀旧元素,唤醒、激发消费者的怀旧心理,并在此基础上进行销售和宣传,这样才能获得很好的销售业绩。

为了分析怀旧心理在什么时候,以及对什么样的消费群体是有效的,就必须对怀旧群体进行细分,怀旧群体大体可概括为以下几类:

一、年龄较大的客户群体

一般情况下,年纪较大的人比较容易产生怀旧心理,并且怀旧心理与年龄成正比,即年龄越大,怀旧心理就越强。

年轻人由于生活的阅历太少,所以生活的感受也不多,生活的积淀也少。对于他们来说,这是一个让人快速成长的时期,每天被学习、工作、家庭等诸多事物缠身的他们,根本没有太多的空闲去思考,而总在忙碌中。所以年轻人很少怀旧。

年龄较大的人大多生活和工作相对比较稳定,没有了学习、工作、事业的困扰,于是,便有了更多的时间去思考、去怀旧。特别是处于退休年龄阶段的人,待着没什么事,所以思恋旧时岁月的时间多了,也更深刻了。

再加上时代的差异性,年纪大的人可能会对社会快速的发展和变革感到不适,而这也使他们对过去的情景有了更多的追忆。销售人员在遇到这个年龄层的客户时就可以适时地考虑利用他们的怀旧心理了。

比如有些老人看不惯穿着太暴露或浓妆艳抹的女孩,看不惯文身或染着五彩头发的少年等。他们追忆的是那个女孩梳着小辫儿、男人穿着中山装的时代,所以有些聪明的厂商为了讨他们的欢心,便生产出了中规中矩的娃娃,梳着小辫子,穿着衣袖齐全的中式装;制作怀旧的广告,让客户直观地产生怀旧情绪,追忆起当年的美好感觉,从而令客户对厂商的产品和服务产生良好的印象。"南方黑芝麻糊"广告片中穿着朴素蓝布衣服的大婶和穿着中式小褂衫津津有味地吃着芝麻糊的男孩,会勾起那个年代客户群的许多美好回忆,并拉近该广告与这一群体间的距离,让他们感到亲切和温暖,进而产生购买的欲望。而这些广告所带来的销售业绩,也是非常可观的。再如,年龄大的人对如今的滚筒洗衣机用不惯并表示质疑,总觉得它不如搓衣板好使。海尔正是巧妙地利用了这群人的怀旧心理,生产出了"搓板洗"洗衣机。

所以,当你和这些客户交谈的时候,适时地提一些过去的美好生活,勾起这些年长的客户的回忆,很大程度上能拉近你和客户之间的距离,最终就能达到销售的目的。

二、有特殊经历的客户群体

在相同背景下的特殊经历,让这个具体的人群在某些方面有一种趋同性,对以往的经历容易产生怀旧。

如上山下乡的知青,共同上过战场、出生入死、浴血奋战的战友;一些很早就背井离乡去了一个陌生国度的老华侨……这些有特殊经历、特殊背景的群体,对生活有着更多的理解。在他们的生命中,这些都是刻骨铭心的经历。正是因为拥有共同的经历,他们对某些事物有着属于那个时代、那段经历的烙印,因此,就很容易产生同样的心理需求。销售人员的产品如果能引起他们追忆过去、产生共鸣,就会让他们对你的产品产生一种普遍的认同、偏爱和亲切的感觉。

在北京,有一个独具特色的老兵餐厅,餐厅老板在餐厅内设置了一个小型的陈列室,里面陈列着老式的三八大盖儿步枪、锈迹斑斑的小钢炮、发黄的军事地图、陈旧的军装,还有用子弹壳拼成的一幅老山前线的图画……可以看出餐厅的老板就是利用客户的怀

旧心理,牢牢抓住了这一特殊群体的特殊心理需求,自然生意极其红火。来就餐的除了真正的老兵,还有他们的家人和一些喜欢猎奇的年轻人以及追求独特的食客。

再如早年移居到海外的老华侨,虽然现在的生活富裕了,但他们对祖国仍充满依依不舍之情。他们说着中文,吃着中餐,喝着中国茶,家里的装潢摆设完全是中式的,甚至有古典的家具,有的家里还摆放着瓷器古董和中国的字画。他们还很喜欢穿中式服装……可见,他们还保留着很浓厚的中国文化的痕迹。正因为这些老华侨有很强的祖国情结,所以他们把自己对祖国的思念、对亲人的思念,移植到最具中国文化的物品上。因此,销售者如果能利用这个特殊群体的怀旧心理,开发出最具中国文化特色的产品,必然会获得非常丰厚的利润。

三、远离或背离以往生活环境的群体

这类群体虽然已经脱离了以前的生活环境,但心底仍然还烙有过去生活的印迹,因此在消费中也时常流露出怀旧之情。

这个群体的人,虽然过去的生活很贫穷,但经过十几年努力的拼搏和奋斗后,他们的事业成功了,大多数人都有了雄厚的资产,过上了富裕的生活,有的甚至还成了大富翁。但是,他们绝对不可能完全忘记那些深深刻在内心的生活体验,对他们来说,曾经历过的贫困生活或许是他们一生中最珍贵的财富。

若仔细地观察就会发现他们一言一行仍然保留着从前的影子。这时,销售人员只要抓住有这样怀旧心理的客户,先让他们重拾过去的回忆,使其流露出怀旧的情感,再对症下药,切中他们的需求,就能轻松赚取可观的利润。

四、不愿改变过去的生活习惯,喜欢沉溺于过去情境中的群体

随着当今社会的快速发展,人们生活节奏越来越快,而商品更新的节奏也不断加快。喜欢追求流行、时尚的人就会很好地适应这种变化,对这些变化感到不适的人便会在心理上产生一些抵制情绪,所以他们对那些外包装或外壳上仍保留着过去印迹的产品情有独钟。如有的人会收集以前的旧钢琴或珍藏古董字画等。

所以,销售者可以利用人们怀念过去的心理,人为地创造具有时代特征的包装,在产品包装宣传当中加入怀旧的特色。比如泸州老窖的封坛年份酒就采用古朴的紫砂瓶子包装,并在接近瓶口处有传统的古代雕花,给人一种历史的厚重感,标志着其陈藏年份久远、醇香独特。在我国四川花园豆瓣厂生产的特色产品"郫县豆瓣"采用的包装是手工编制的小篓,无任何装潢,顶口加以一层红封盖,与酱紫色的小篓相配,显得非常古朴又富有中国特色。拥有老式听筒的拨号电话,还有老爷车,等等,总之利用一切能让人们怀旧的事物,使客户对我们的产品或服务产生怀旧的美好感觉,以此激起客户的购买欲望。

从以上对这四类消费群体的分析我们可以看出,对于不同怀旧型的客户群体,他们的怀旧心理是不相同的,他们的怀旧情结所依托的事物也各有不同。所以,销售人员在与怀旧型客户交流时,就要先弄清不同客户的怀旧心理,并加以巧妙地利用,便能带来销售佳绩。

消费者追求时尚潮流的心理

在人们的日常生活中,我们会发现一种非常显著的现象:哪种东西时尚,它的市场销量就好。时尚以流行为特点。心理学家指出,对自我价值的实现是人的本质需求;而这种时尚性消费就是人自我实现的一种方式。因为,落后、不能与时俱进代表着被淘汰,是对自我价值的一种否定。消费者购买时尚的商品,是为了告诉别人和自己:"我与时代同步,赶上甚至超越时代潮流,我是有价值的。"所以,人们在购物时倾心于时尚商品是有其心理根源的。

时尚性的消费行为大多是受诸如社会风尚等外界环境影响

的,如购买者的心理常常会被社会性的"时尚"同化。一般人可能会觉得这些"时尚"消费者的目的就是通过所购买的商品来吸引别人的目光。

事实上,却是聪明的商家利用消费者追求时尚潮流的心理,努力夸大顾客的审美能力和判断能力,将其形象尽力美化。其结果就让某种产品或某种消费活动在某个区域范围内成为大多数人使用或追求的对象,这种带有明显特征的消费方式逐渐演变成为一种风行一时的流行趋势,这种商品成为流行商品,色彩成为流行色,样式成为流行款式。

由此可见,流行都是由群体中的相互模仿而形成的。你看见他穿这双鞋子很好看,明天也买一双,当越来越多的人投入进来时,就产生了群体性的模仿,进而产生消费流行。所以模仿心理在很大程度上奠定了消费流行的基础。

很多人之所以会选择购买一种产品或服务,只是因为这些产品或服务是新东西,他们想成为最先拥有的人,这样他们认为才能领先于人。尤其是年轻人,他们具有热情奔放、思想活跃、富于幻想、喜欢冒险的特点,这些特点反映在消费心理上,就是追求时尚和新奇,这类人是典型的时尚跟风人士,他们往往喜欢购买一些新的产品。甚至在购买产品或服务时,可以不看质量、不问价钱,但是产品一定要非常的时尚,一定要能让他们显得与众不同。在他们的带领下,消费时尚也就逐步形成。

在销售过程中,遇见这类客户时,销售者就要利用他们追求时尚和新奇的消费心理来促成销售,如你可以说"您真有眼光,这个是时尚最新款,这个月刚出的"或"您的意识真超前,敢于最先尝试时尚东西"。这样,消费者的购买欲望很可能立刻就会被你激发出来。

时尚性消费很容易受感情的驱使,一般体现的是人们对美好生活的向往。对于女性消费者来说,就更是如此。俗话说:"爱美之心,人皆有之。"不论是青年女子,还是中老年女性,她们都想将自己打扮得更加美丽一些,以充分展现自己的魅力。虽然年龄不同的女性具有不同的消费心理,但她们在购买商品时,首先想到的就是这种商品能否增加自己的形象美,能否让自己显得更加年轻和富有魅力。例如,她们往往喜欢造型别致新颖、包装华丽、气味芬芳的商品。

追求"时髦"的需求大多建立在物质水平逐步提高的过程中,也就是说,追求时尚的人大多手头比较宽裕。所以,销售人员要特别注意顾客的这种对美的渴望和对流行追求的趋同心理。时尚类消费者的消费行为大都比较感性化。只要销售人员适时地煽风点火就能够促成客户的购买行为。

这种时尚性消费体现的是消费者希望自己赶上甚至超越时代潮流,同时也是对自我实现的心理满足的心理需求。销售者如果能够好好地利用消费者的这种心理需求,来推广自己的产品,一旦形成时尚型消费,就会出现大批的购买者。

然而,这种时尚性消费具有短期性,某一类商品,可能流行得快,淘汰得也快,所以让人难以掌握。这就要求销售者具有敏锐、长远的眼光,在倾尽心力打造"时尚"的同时,就应该考虑到后续的可持续发展。况且,在同一时间的时尚不可能仅此一种。所以,你所说的"时尚"商品并不见得就会得到顾客的认同,这时,你可以从品牌和产品的质量上来吸引消费者,并尽可能让你的产品与时尚沾边。

由此可见,销售者只有将自己的产品或者客户的购买行为和时尚接轨,把握时尚的趋势,便能创造出可观的销售佳绩。

在市场销售的过程中,关注流行的趋势、洞察时尚的走向成为商家的一项战略任务。经营之道中的"人无我有,人有我新"就是一种对时尚的利用。正所谓"三十六计,攻心为上",任何时尚的东西,必先让顾客"心动",而这个心动的过程就是改变顾客认知的过

程。

因此，销售者在打造品牌或推出新产品时，可以先从消费心理学着手，直接进攻顾客的心。你需要诱发的核心内容是要让消费者认识到：加入时尚的队伍，你才能变成一个时尚的人。

与此同时，销售人员也要对客户强力灌输自己的品牌意识，把自己的产品深入到顾客的心目中。当你的品牌与产品，在顾客脑中由理性进入感性时，那么，你的商品相当于直接在消费者的潜意识中"上架"，因为，顾客已经认同了你的品牌。

销售人员只要善于利用顾客求新、求变意识和想要突出个性、展现自我风采、与时俱进的心理需求，就能成功地激发消费者的购买欲望。事实上，这样的购买行为通常还会成为时尚的开端。

所以说，销售者只有准确掌握了消费时尚与流行的心理定式，充分利用消费者在时尚背后的同中求异、异中求同的心理特点，才能做到顺应时尚而不是盲从，把握时尚潮流的趋势而又有所创新。

善于倾听顾客的声音

在销售过程中，销售者只有通过倾听顾客内心的声音，才能更好地了解顾客的喜好、需求、愿望以及不满，并有利于与顾客建立良好的关系。

"你即使喜欢果酱，而在钓鱼的时候，仍然不能用果酱做鱼饵；在这个时候，即使你讨厌蚯蚓，也得用它，因为鱼喜欢才会上钩。"这是著名的成功学大师卡耐基曾说过的一句话。这个生动的比喻，用来形容说话者与听者的关系非常贴切。尤其是销售人员更应该注意这一点。

曾经有一个电话公司就碰到过一个难缠的客户。这位客户对电话公司的相关工作人员破口大骂，并怒气冲冲地威胁要拆毁电话，他拒绝支付某项电信费用，说那是不公正的，并到处告电话公司的状,不仅写信给报社,还向消费者协会提出申诉。

为了解决这一麻烦,电话公司便派了一位最善于倾听的调解员去见这位难缠的人。调解员先耐心地倾听着那位愤怒的客户大声地"申诉",同时对其遭遇表示同情,并让他尽量把不满的情绪全都发泄出来。几个小时过去了,调解员仍然非常耐心地静听着他发牢骚,后来,还几次专为继续倾听他的不满和抱怨而去他家。当调解员第六次到他家去倾听他的牢骚时,那位顾客的怒火不但完全平息了,而且还把这位调解员当作好朋友一样对待。

最后,这位难缠的客户变得通情达理,不仅付清了所有该付的费用,还撤销了向消费者协会的申诉。调解员正是利用了倾听的技巧,对愤怒顾客的不满进行了友善的疏导,这样一来,不但解决了矛盾,而且与顾客成了朋友。

因此,想要成为一名优秀的销售人员,不仅要善于倾听顾客的要求和渴望,还要倾听顾客的异议和抱怨。就算是一个牢骚满腹、最不好对付的人,在具有耐心、同情心的倾听者面前,往往也会变得通情达理。此外,还要能够听出顾客没有表达出来的意思,没有明白地说出来的需求。上帝给人们两只耳朵,就是让人们多听少说。

所以,销售者要学会倾听顾客内心的声音。

销售员与客户的沟通和交流既离不开说,也离不开听,因为销售员需要通过"说"来向客户推销商品,以达到说服客户并售出商品的目的。同时,销售人员也需要通过"听"从客户那里获得必要的反馈信息。

但是很多销售员在与客户沟通的过程中,并没有注意并重视到"听"的作用,在销售中,只重视自己的感觉,以自我为中心来进行表达,而忽略了倾听,最后导致了销售的失败。

倾听则是以对方为中心,是对别人的重视和尊重。二者的效果是迥然不同的。因此,在大多数时候,倾听要比表达更加重要。

销售心理学

世界第一推销大师——乔·吉拉德,曾在一次推销中,用非凡的表达能力,让客户接受了自己的产品,他们之前的交流和沟通也十分顺利,然而,在成交的时候,客户却突然改变主意不买了。

乔·吉拉德感到十分纳闷,当天晚上就按照客户留下的地址找到客户的家,特意上门向客户请教。他满脸的真诚让客户道出了真正的原因:"因为你一直都没有听我说话。当我准备签约时,我向你提到我的儿子就要上大学了,同时还提到他的成绩以及他将来的抱负。我是以他为荣的,但是你当时没有任何反应,而且还转过头去用手机和别人通电话,我感到十分气愤,所以就改变了主意。"

顾客的一席话让乔·吉拉德领悟到了"听"的重要性,并让他深刻地认识到如果不能始终保持倾听对方讲话的内容,认同客户的心理感受,就会失去自己的客户。而他的失败,也正是他没有认真地倾听顾客的声音,顾客以自己的儿子为骄傲,他就应该赞扬顾客的儿子,如果他能做到这一点,就不会丧失这个大好的销售机会了。因为顾客说得越多,就会觉得越愉快,就会越满意,这对销售是很有利的。

被誉为是当今世界最伟大的推销员乔·吉拉德,他所取得的成就是令人敬仰的。但在回忆这件事的时候,他总是说这是一件令他终生难忘的事情。

可见,客户对你说话的时候,如果你表现得心不在焉,就会让客户感到十分尴尬。相反,如果你能保持时刻都在耐心倾听对方的谈话,这就等于在无形中极大地满足了对方的自尊心,并有助于加深彼此间的感情,为推销的促成创造最佳的环境和气氛。

在推销过程中,表达是在传递信息,倾听别人的表达是在接收信息,推销中的任何一方都应该是主动的,即使是在倾听的时候也一样。听人谈话,绝不只是用耳朵听听就行了,而是要积极地做出各种反应。这不仅是出于礼貌,而且是在调节谈话内容和洽谈气氛。

只是被动消极地听客户说话的销售员,往往会错过客户通过表情、眼神等体态语言所表达的意思。这种毫无感情的倾听方式,只会让你失去真正了解客户的机会。

真正的倾听不仅仅是用耳朵,而是要积极主动地听,认真地听,仔细地听,用同理心去听。在销售过程中,销售员不只要善于聆听对方心灵深处的声音,从中获取有用的信息,还需要用心思考,并设身处地地从客户的角度来评价和看待事情,这种有感情注入的倾听方式,才能和客户达到共鸣,从而赢得客户信赖,最终达成销售。

有一个听力较差的销售员,在和客户洽谈时,为了能够听清对方的谈话,他就必须全神贯注地去倾听、去观察,以判别客户的口形,从而得知对方在说什么。他一般都坐到椅子的外缘上,身体也尽量向前倾,这样才能够更好地观察客户的口形。他这种不经意的动作与表情,在无形之中就给了客户这样一个感觉:即对方在非常耐心认真地倾听自己的谈话,他对自己的谈话很感兴趣,也很尊重自己。

由于需要调动全部的注意力来观察客户的口形,所以这个销售员一点儿也不能分心,即使是电话铃响或做笔记时,他的眼睛都始终没离开过客户的脸。这样一来,他的态度就让客户觉得自己是世界上最重要的人,从而强烈地满足了他的自尊心。所以,在大多数情况下,这位销售员都能与客户达成交易。

所以说,销售人员在听客户谈话时,应该自始至终保持饱满的精神状态,并认真仔细地注视着客户。就算你觉得客户说的是一些对我们没有任何的帮助,或不符合实际情况的话,也要认真听下去。当然,你可以试着提一些你想知道的问题,巧妙地转移对方的话题。唯一不能做的事是随便打断客户的话。

倾听是一种尊重,而只有尊重别人,满足别人的心理需求,才

能为自己赢得发言的权利。因为,善于倾听的人,在给予别人充分尊重的同时,也能轻而易举地驾驭别人。

利用客户的"从众"心理

每一个人几乎都有从众心理,社会心理学研究表明,"从众"是一种比较普遍的社会心理和行为现象。让一个人在某种环境下独处时,往往会使其提高个体的警惕性,心理防线也就不易被攻破。若让个体和其他人都同在一种环境下时,其安全感和舒适感就会有所增加。这种心理在消费中就表现得尤为突出。因为大多数人都喜欢凑热闹,喜欢跟随着别人行动,尤其是看到大家都在抢购某种商品时,他们往往会表现出非常强烈的购买欲望,就会不假思索地加入抢购队伍。

顾客在购物时,不仅会考虑自己的需要,还会用大多数人的购物行为作为参照。他们往往不愿意冒险尝试。一般情况下,只要是没有经过别人试用的商品,顾客都持有怀疑态度,不敢轻易选购。而对于大多数人都认可的商品,他们就比较容易信任和选购。消费者认为随波逐流的购物行为才最安全。

所以,销售人员要利用顾客这种随波逐流的从众心理,来制造人们争相购买的氛围,以促成顾客迅速做出购买的决定,这样才能创造出销售佳绩。

在销售过程中,利用客户这种随波逐流的心理又称为从众成交法。如某大型超市入口处排了一条很长的队伍,从超市经过的人就很容易加入排队的队伍。因为看到此类场景时,人们首先就会想到:有这么多的人排队,肯定是有利可图,这个机会我可不能错过。这样一来,队伍越长排队的人就会越来越多,但真正有明确购买目的的人恐怕没有几个。事实上,顾客之间的相互影响力要远远大于推销人员的说服力。人们更加信赖身边的人,而不是那些总想着掏光自己口袋的销售者。大多数顾客既然都有这种心理,销售人员只需将这种从众心理加以巧妙的利用,先影响人群中的一部分人接受商品,继而就能达到让整个人群都接受商品的目的。

经常都能听到销售人员这样对顾客说:"这款产品很多人都买了,它在顾客中的反映很不错,所以销得特别快。""很多像您这个年纪的人一直都在使用我们的产品。"销售人员的这些言辞,正是巧妙地利用了客户的从众心理,让客户先在心理上得到一种安全和保障,最终使客户也购买相同的产品。

如一位爱美的女士去买衣服,她可能会考虑自己的身材,但更多的却是先看看身边其他人都穿什么牌子的衣服。或许,这个女士很喜欢某个牌子的衣服,但最终她还是会认为人们的口碑才是最重要的,既然大家认为此品牌好,那这个品牌的衣服就一定好。有时候,销售人员可能还没说,一些客户也会主动向销售人员询问"是否有好多人购买过你们的产品",实际上就是说,如果有很多人都用你们的产品,我才会考虑选购。其实,这也是一种从众心理的反映。

很多成功的销售人员在争取客户的订单时,经常利用这种从众心理让客户下决心签单。

有一个销售人员去一家公司推销产品,与对方交谈得十分融洽,同时对方也感觉产品还可以,但就是迟迟不肯签单,于是,销售人员就说:"市内还有几家大公司使用的都是我们的产品。最初他们也只是购买了一部分产品。经他们使用后,都觉得我们公司的产品质量很好,就又继续购买了其他的产品。至今,他们已与我们公司建立了长期的合作关系。只要他们需要这方面的产品,都会联系我们公司,我们公司也会用最快的速度为他们提供最满意的服务。贵公司也可以像他们一样先定购一小部分的产品,使用后,如果对产品感觉到满意,到时候我们再增加订单数量,您看这样行

销售心理学

不行?"对方听了这番话后,稍微犹豫了一会儿就与销售人员签了订单,购进了一部分产品。

由此可见,销售人员在适当的时候让客户知道"别人已经买了""我们的产品已经得到了别人的信任"是得到客户信任,让客户签订订单购买产品的有效技巧。在购买产品时,很多人都不愿意冒险,他们通常都会在别人购买后才会放心购买。在销售过程中,销售人员利用这种从众心理,就会很容易突破客户的警戒心理,最终促成客户购买。

顾客若在购买某商品时犹豫不决,销售人员可以在利用这种从众心理的同时,再借"物以稀为贵"来进行辅助,也许就会更加容易促成销售。如销售人员可以对顾客说:"对不起,由于这种商品十分畅销,今天已经被抢购一空了,仅剩下一件样品,要过几天才能到货。您要是喜欢的话,我可以在进货时帮您留一件,不然又会被抢光。"这样的话,会让顾客觉得此商品一定是好东西,不买就会后悔。于是,立刻就会让顾客产生强烈的购物欲望。但值得注意的是,对那些个性较强、喜欢表现自我的顾客,就不要轻易使用此法,因为这样做很容易引起客户的反从众心理。这样一来,不仅达不到目的,有时还会起到一定的反作用,甚至失去这个顾客。

同时,使用从众成交法还需要注意,销售人员向客户展示的一切资料与数据必须真实可靠,并以事实为依据,绝不能欺骗顾客。否则,不仅会失去客户的信任,无法实现交易,还会让你的信誉受到极大的损害。

总而言之,在销售过程中,销售人员只要将这种从众心理运用得恰到好处,通常都能够很好地促进客户签单,并让自己不断获得更多订单,创造出极佳的销售业绩。

客户需要一种被满足的感觉

在销售过程中，销售者如果想充分调动客户购买的积极性，就要想方设法引起他内心的满足感，让他从购买你的商品中获得实惠，获得利益，获得好处，从而产生强烈的购买动机，主动掏钱购买你的产品。所以说，只要你能让客户有占便宜的感觉，客户购买你的产品就会相对容易。

在我们的日常生活中，时刻都在上演着这样的情况。例如：许多商家在劝顾客购买东西时都会说："原本这是不打折的，但我今天就破例给你打个折，给你最低价，你可不要和别人说是这个价钱买的啊！""今天还没有开张，就不赚你的钱，只图开个张。"销售者这样一说，就会使顾客有一种自己占了便宜的感觉，从而让顾客极大地获得了一种满足感。聪明的销售者总能找到各种不同的借口给客户以占了便宜的感觉。事实上，大多数客户并不会对产品的真实价钱寻根追底，只要感觉自己占到了便宜就能心满意足地购买商品。因此，客户这种爱占便宜的心理正是销售商家的商机所在。

由此可见，客户真正想要的并不是便宜，而是占到便宜后的心理满足感。

小李和小王是同一个公司的两名推销员，这天，他们先后到同一个客户那里去推销产品。小李一来到客户的家里，就开始口若悬河地介绍自己的产品质量多么好，多么畅销，如果不购买的话会是多么可惜，结果客户很生气地打断了小李的介绍，说："不好意思，先生，我知道你的产品很好很畅销。但是很抱歉，我完全不需要，因为它不适合我。"小李只好很尴尬地说抱歉，然后离开。

等到小王到该客户家里推销时，却是另外一种情况。小王到了客户的家里，一边和客户闲聊一边观察客户的家具布置。揣测

客户生活档次和消费品位。在小王向客户介绍自己的产品时,先询问的是客户需要什么样的款式和档次,并仔细地为客户分析产品能够给客户带来多少潜在的利益。比如会给客户省下多少开销,几年时间能够节省下来多少钱,等等。最后小王并没有把自己的产品卖给客户。而是说公司最近会推出一款新产品,特别适合客户的要求和需要,希望客户能够耐心等待,自己过段时间再来。

小王的一番言语让客户非常感动,因为他能切实地从客户的立场出发.为客户考虑了很多,使客户得到了真正的实惠,从而赢得了客户的信任。当小王再次来到客户家中的时候,受到了客户的热情接待,并且很顺利地购买了他的新产品。之后,推销员小王和客户建立了长久的销售关系,客户从他这里买走了很多产品。

小李和小王两个销售员,之所以一个成功,一个失败,很重要的原因就是小王善于给客户创造内在满足感,激发客户的购买动机,而小李却不善于此。

在销售的过程中,销售员不仅要使自己拥有工作的热情和强烈的销售动机,同时还要善于引导客户,让客户产生强烈的购买动机,要善于让客户心甘情愿地主动购买。否则就算你的产品再好,如果你不能得到客户的认同,更不能给客户一种心理满足的感觉,那么客户终究是不会购买的。因此,销售员要善于利用客户想要在消费过程中获取满足感的心理,来调动和改变客户的行为,促使销售工作顺利进行。

在销售过程中,满足客户需求是一个很重要的环节。客户的满意度首先来源于需求满足,否则任何营销方式都无从奏效。

曾经有一位销售员,公司根据生产厂商的要求,安排他策划了一个营销活动。为了调动客户的参与积极性,便对产品的价格进行了一些调整,并制定了一系列的优惠措施。当整体优惠方案制订完成以后,这位销售员就去动员客户端进货。销售员回来后,却告诉公司客户要求更低的折扣。原来销售员为了省事,直接把公司制订的优惠方案给客户看。但这个方案是最终方案,已经把价格放到最低的底线了,然而客户并不会这么认为。客户看到公司优惠方案后,知道当他达到这个进货数量就能有这个价格,他当然会要求再优惠。因为其他客户达到这个数量后,也能拿到这个价格,客户会觉得没有把自己跟其他客户区别开来,没有得到特别的优惠,更没有一种心里被满足的感觉,因此才会提出进一步优惠的要求。事实上,这里面有折扣点的现实需求,同时客户的需求也被进一步激发了出来。

那么,销售员应该怎样做才能让客户产生一种心里被满足的感觉呢?如果销售员在动员客户进货的时候,没有直接拿出公司的优惠方案的资料,而把比最低价格稍稍高一些的优惠方案写给他,然后再给客户说:"我们都是合作多年的生意伙伴了,公司给你的肯定是最低的折扣。"如果对方还不满意,销售员也不能松口。到最后若还是不行时,就可以给公司打电话"请示一下"。这样一来,客户就会觉得自己已经把价格压到最低了,自然也就乐于进货了。

实际上,每一个销售人员都会握有一些公司给的政策或权限,如何利用有限的权限去尽可能地满足客户需求,吸引客户赢取订单,是销售人员首先应该考虑的问题。但有些时候,我们不得不承认:人的需求是无限的,因此有些客户的现实要求是永远无法满足的。这就要采取一些"花招"给客户一种满足的感觉。只要让客户感觉被满足了,就算实际上并没有满足特定的需求,他也一样会满意。

总而言之,利用客户想占便宜的心理,并适当地给予客户一些心理满足,对销售人员提升自己的业绩是非常有利的。

商品陈列是一种无声的推销语言

商品陈列兴起于20世纪80年代。在欧美日商品陈列师已经是一种全新的职业。陈列就是从商品的色彩、风格出发,运用色彩搭配技术,结合商品的款式风格特点,运用自己的眼光,利用独到的装饰技巧,将商品以吸引人的方式陈列展示出来,达到吸引顾客、销售商品的目的。进行商品陈列的根本目的是为了吸引顾客的眼光,引起顾客的兴趣和购买的欲望。

在大一点儿的店铺里,我们可能都会看到美轮美奂的店面里商品被陈列和布置得气派、醒目,充满了美感和艺术性。它们给人们带来视觉享受和赞叹不已的同时,也给人们带来了浓烈的商战气息。

法国有句很出名的经商谚语:"即使是水果蔬菜,您也要像静物写生画一样进行陈列,因为商品的美感能够撩起消费者的购买欲望。"这句谚语说的就是商品陈列的艺术。

由此可见,商品陈列和布置直接关系到顾客的购买欲望,所以销售者要先弄清顾客的心理需求,并将其利用在商品的展示上,就能够最大限度地激起顾客的购买欲望。

事实上,在销售过程中也的确如此,因为良好的商品陈列不仅可以方便、刺激顾客购买,而且还可以借此提升企业产品和品牌的形象。因此,现在几乎所有的大型消费品厂商都将竞争延伸到了零售终端。

商品陈列是通过视觉与顾客沟通,以要销售商品的本身为主体,并利用其形状、色彩、性能,运用艺术造型陈列及环境的相互协调来向顾客展示商品的特征,增强商品对顾客的吸引力,加深顾客对商品的了解。当你的商品从顾客大脑中理性的第二系统进入感性的第一系统时,你的商品就等于直接在消费者的潜意识中"上架"了,因为,顾客已经被激起了强烈的购买欲望。所以说,商品陈列不仅是一门艺术,更是一门科学。

商品陈列得好坏是影响消费者购买决定的重要因素。好的商品陈列可导致消费者对该产品的认知和购买欲望的产生,而无须导购人员的帮助。在一般情况下,可将消费者的购物性质分为两类。一是计划性购买:消费者受各种传媒影响,在进入商店前就已知道要购买的东西是什么;二是冲动性购买:消费者在进入商店前,并不知道自己要买什么,当他看到商品陈列得很好时,便会将其购买欲望冲动化。

因此,销售者要充分利用消费者的消费心理来陈列各种商品。

在商品陈列前,在考虑其数量、方向等几个问题后,才能做出正确的陈列方式。这些基本要素也是不可缺少的执行业务事项。

在商品陈列中,当决定了陈列数量的品目之后,接下来就要考虑陈列多少数量的问题。各种商品都会有所谓的"最低陈列量",陈列商品一旦低于这个数量,其销路就会极端恶化。

因为当顾客看到的是稀稀拉拉的货物,心里就会觉得商品这么少,看来是没什么好货,想必生意也不会好到哪里去。

相反,当顾客看到货架上的商品琳琅满目时,他就会产生较大的热情,精神也会为之一振。下意识里会产生一种信任感和轻松感,因而购物的兴趣也会高涨起来。因此,考虑陈列数量时,要以各商品的"最低陈列量"为前提。

陈列要有一定的数量,这样才容易激起顾客的购买欲,从而达到销售商品的目的。假如陈列未达到一定的数额,则销售量就会显著降低。所以,要充分考虑陈列的数量,使其达到一定标准,既能吸引顾客又不会显得商品不够丰富。因此,商品陈列的基本要求是商品摆放要丰富。

有一个店员把红、黑、蓝、灰、褐五种颜色的特价衬衫,堆成一堆放在店门口附近,每个星期检查一次,想要看到底哪一种颜色的

销售心理学

衬衫销路最好。过了几个星期后,她得到了一个结论,那就是红色衬衫最易销售;而且,当红衬衫卖完之后,其他四种颜色的衣服销售量就直线下降了。然后,她又做了另一个试验。将衬衫分成两堆,放在店门口的左右两边,其中一堆红衬衫加多,另一堆则没有红衬衫。经过比较之后,发现加多红衬衫的那一堆,销售量竟比没有红衬衫的那一堆高出一半多。

这是什么原因呢?店员总结之后发现:红色比其他颜色更引人注意;没有红衬衫的那一堆,显得黯淡无光,使顾客的购买兴趣因之大减。

因此,在商品陈列时,除了数量之外,还应该同时注意到商品的颜色、式样、大小。这样才能吸引顾客的注意力,从而提高商品的销售量。

接下来,被那些堆放丰富的商品所吸引的顾客,必然会走到自己打算购买的物品的柜台前。这时顾客最想知道的是"这东西怎么样"——包括商品的质量、外观美不美、适不适合自己用等。因为商品的陈列就像人的颜面一样,是给别人的第一印象,所以在商品陈列时,对商品之美的展示是非常重要的。

这时销售人员就可以运用多种手段来展示商品的外在美,以此来激发顾客的购买欲。当然光好看也不行,同时也要重视产品的"内在美",即质量也要有保障,这就是商品陈列的第二个基本要求。

将商品摆放得漂亮只是商品陈列的一个方面,商品陈列还须做到五个"利于":第一,利于商品的展示,要使顾客一进门,就知道店里有哪些商品,有没有自己所需要的商品。第二,利于商品的销售,使顾客在最短时间里,以最直接的方式,找到自己所需要的商品。第三,利于刺激顾客的购买欲望。将重点商品、新进商品、稀罕商品、流行商品摆在顾客一进门就可以看到的区域内,可以达到良好的刺激购买的作用。第四,利于提供商品最新信息,有经验的

46

经营者都会将最新商品摆在最前面、最上面,目的就是为了将最新信息告知顾客,以一种无声的方式对顾客进行引导。第五,利于提升商家和商铺形象,一个良好的、陈列有序的、易于购买的商品环境,使顾客看着高兴,拿着方便,容易引起顾客的好感,提升商家和商铺的形象。

商品陈列的第三个基本要求就是营造特有气氛。它是通过商品的陈列形态,尽量营造出一种温馨、浪漫、快乐的特有气氛。通过这种美好的气氛感染消费者,消除顾客与商品之间的心理距离,让顾客产生可亲、可近、可爱之感。

商品的陈列形态包括陈列的各种方式,并由不同方式来展示商品各种不同的风格,在一般情况下,有以下 4 种:

1. 在对比颜色鲜明的商品旁边放一个颜色较暗的商品,使之形成明显的对比。这样,两件商品必定会因互相衬托,而显得更有吸引力。而且,对比陈列有强烈的震撼力,不仅给人安定感,而且能加深顾客的印象。

2. 对称陈列没有力量,却有安全感。所以,在商品数量多时,可以采用此种方式。

3. 节奏以大、小、大、小的方式,将商品作间隔排列,便会产生一种有节奏的动感,这样能吸引顾客的目光。但服饰用这种方式陈列会很麻烦,不易达到想要的效果。

4. 调和大小的搭配,有时会有一种调和的感觉,它适用商品数量较少时。

销售员要学会通过商品的陈列让顾客去发挥自己的想象,让他们想象买到这种商品后会发生的种种可能,比如亲人或朋友的赞赏或者是给以后的生活带来的变化等。

例如当你走进一间经过精心布置的服装店时,看到的是五颜六色、各式各样的服饰,很可能就会心动,情绪自然而然就会转到自己身上。当你看到一件心仪的衣服时,你就会想象自己穿上后

是一种什么样的情景,自己一定会变得更漂亮,于是不知不觉就进入了销售者设好的"圈套"。商品的陈列也是如此,你要学会让顾客自己给自己"造梦",买你的东西也就顺理成章了。

所以说,销售人员除了嘴上会说,还要学会让你的商品也有语言。让陈列的商品帮你向顾客传达一种无声的邀请,打动顾客的心,激发顾客的感情,让顾客产生购买的欲望。

销售心理学也告诉我们:"大多数消费者购买商品是在想象心理的支配下采取购买行动的。"当顾客被你陈列的商品营造的气氛打动时,就会对你的商品产生兴趣。这就是商品陈列营造特有气氛能够达到目的的奥秘所在。

第二辑

坚定执着，做自己情绪的主人

> 销售人员每天都需要用技巧来提升自己情绪的感染能力。但是日复一日单调的工作环境、捉摸不定的客户、变化无常的市场、精明能干的竞争者……这些原因都在压抑着原本就紧张不安的销售人员，那么如何才能保持激情呢？答案就是做自己情绪的主人。

销售心理学

用积极的心态对待暴单

在行销过程中,无论对方决策人是业务一开始就表示异议,还是在销售将要结束时拒绝成交,销售人员都不应过早地放弃销售的努力。暴单预示着销售的失败,但销售人员不要把暴单和决策人的拒绝等同起来。销售人员应当努力做到以下几点。

一、自我激励

许多销售人员缺乏自信,在与客户的沟通过程中显得信心不足,尤其是在面对失败时或者遭受拒绝时一下子就变得气馁起来。营销人员要善于自我激励,只有这样才能有持续的动力。

二、把销售坚持到最后

行销有人失败,有人成功,但不可能永远成功,因此,当销售人员行销失败时,请不要放弃,下面的例子可以帮助你,让你相信自己也会坚持到最后。

某年轻发明家带着他的创意到20家公司促销,其中包括一些全国性大公司。可是他的创意并没有被这20家公司接受。而到了1947年,受尽冷遇的发明家终于找到了一家公司,这家公司愿意出高价购买他根据静电原理发明的影印技术。后来,这家公司赚取了巨大的财富。

三、积极反省,直接向客户请教

如果销售人员已努力完成电话销售而对方依然说"我想再考虑一下"或"对不起"此时,销售人员需要知道对方不购买的理由。通过询问对方,可以巧妙地追究掩藏在深处的原因到底是什么。

"什么使您决定不买这个产品?"

"您有什么顾虑?"

"什么原因使您这么犹豫不决?"

在得知某个原因后,销售人员还要问:

"有没有其他困扰您的事情呢?"

四、调整策略,迅速改正错误

当知道了客户不购买的真正原因后,销售人员应调整策略,迅速改正错误。尤其要注意以下的策略:

1. 避免使用"我知道你为什么那样想",这样的话会使客户产生抵触心理,因为他们会在心里想:"你根本不知道我怎么想的。"

2. 不要与潜在客户争论,即使他们给你提的意见不正确。不要用"是的,但是……"展开答复,因为这会使其客户的推理大打折扣,并且很容易引起争论。

随着市场竞争的日趋激烈,行销的难度将越来越大。总体来看,商品推销总有达成交易的和达不成交易的,若单从某次推销活动来看,不成交的可能性要大得多。从这个意义上讲,不成交也是很正常的事。假如销售人员因推销不成功就灰心丧气,甚至一蹶不振,就不正常了,而且也是幼稚、不成熟的表现。

销售人员必须明确认识,在每次推销失败中都孕育着某方面的成功,并以此增强自我激励的信心。失败不可怕,可怕的是不知道为什么失败。一次不成交没有关系,重要的是每次都不成交、徒劳无获。而屡不成交的根本原因就是推销失败后未能认真反省、吸取教训、调整对策、总结提高,这才是销售人员的大敌。

一般来说,如果确认暴单,接下来应该耐心做好后续工作。

首先,要检讨下列问题并记录下来:

决策人说了哪些观点,即他要些什么?

对方的性格是怎样的?

对方态度的变化及原因。

下次打电话我还能再做些什么?

现在已经达到了什么目的。

其次,也要认真做好如下工作:

自身业务检讨。

自我认识分析。

与客户保持经常的联系。

克服恐惧心理,促成交易

销售人员是遭遇拒绝最频繁的人群,许多初入此行的人,容易因挫折而灰心丧气。这个时候销售人员最应该做的事情是反省自身,提高销售技巧。最重要的是,不要被拒绝摧垮。

小王是一名普通的推销员,他入职不久,只和熟人做过几单小生意。有一次,出于业务需要,他约了一家大公司的老板谈生意。这次机会很难得,经过多次预约,这位老板才答应和他见面。如果生意谈成,他至少能拿到几十万的订单。

自己从来没有接触过这种级别的人物,一想到此小王就非常紧张,生怕会出什么乱子。进到对方的办公室之后,他更是一下子被那装饰豪华气派的办公室震慑住了。以至于见到这位老板之后,结结巴巴几乎说不出话来。经过很大努力,他终于结结巴巴地说出来几句话:"王老板,我早就……想见您……现在我来了,却紧张得说不出话来。"王老板修养很好,一直微笑地看着他。

奇怪的是,他开口承认自己心中的恐惧之后,恐惧却一下子不复存在了。下面的谈话就顺利得多了。有过这次偶然的经历,他得出了一条很管用的小窍门:每次遇到紧张的情况,就自己主动承认,然后紧张就自动消除了。

《羊皮卷》上说:我不是注定为了失败才来到这个世界上的,我的血脉里也没有失败的血脉在流动。我不是任人鞭打的羔羊,我是猛虎,不与羊群为伍。我不想听失败者的哭泣,抱怨者的牢骚,这是羊群中的性情,我不能被它传染。失败者的屠宰场不是我人生的归宿。

"从今往后,我每天的奋斗就如同对参天大树的一次砍击,前

第二辑　坚定执着，做自己情绪的主人

几刀可能留不下痕迹，每一击似乎微不足道，然而，积累起来，巨树终将倒下。这正如我今天的努力。"

李贵是一名保险推销员。一开始做销售的时候，他很敏感。不单是害怕拒绝，哪怕客户的一句冰冷的话语或一个冷漠的眼神都会让他感觉如芒刺在背。有一次，他甚至和一个心急气躁的客户吵了起来。

由于长期沉浸在这种压抑状态中无法自拔，李贵的工作效率很低。虽然工作时间比别人长，也比别人努力，可是销售成绩却一直赶不上别人。

他偶然遇到了一位销售界的前辈高手，向对方倾诉自己的苦衷。对方听到他的事情，语重心长地跟他讲了一席话，让他茅塞顿开、获益匪浅："你的敏感其实是没有意义的。你想啊，如果一个客户拒绝了你，你以后就不会再见到这个人。在乎一个不存在的人的拒绝，岂不是很好笑？当然，一次拒绝并不代表就没有机会。如果你最终得到了这个客户，那么之前的拒绝就属于成功的过程，该值得骄傲才是。你以前之所以销售成绩不好，就是因为对失败和拒绝一直耿耿于怀。如果能够一笑而过，就既能让自己心情愉快，遗忘那些不开心的事，同时也容易获得客户的好感。何乐而不为呢？"

俗话说，万事开头难，做销售也不例外。对新手来讲，要顺利开展销售，有两个主要障碍需要克服。这两个障碍都是精神层面的，即"害怕失败"和"害怕拒绝"。

第一个案例告诉我们，承认害怕有助于消除害怕。初入行的销售人员都可以借鉴这个窍门。尤其不要害怕与大人物见面，而要把它当成是一种机会。当你遇见一个让你害怕的大人物时，要直言不讳地承认你的恐惧，而不要害怕出丑而故意遮掩。

害怕拒绝，是另外一种恐惧心理。顶尖销售人员当然已经达到不怕拒绝的境界。如果有人对他们说"不"，他们也不会因此感

到受伤或气馁。他们不会因为遭到拒绝而沮丧地退回办公室或车里。因为他们有着强烈的自尊心和自我意识。但是很多销售员尤其是新手,常常会害怕潜在客户说"不",害怕目标客户可能会对自己无礼、反感或批评。

按照定律,80%的销售拜访都会以被拒绝告终,原因可能是多方面的。但这并不一定就意味着销售人员自身或者他所销售的产品或服务有什么不好。人们说"不"只不过因为他们不需要,不想要,不能用,买不起或者别的原因。你必须认识到拒绝绝不是针对个人的,拒绝与你个人没有任何关联。克服了这两道障碍,不再害怕失败,不再害怕拒绝,你就成功了一半。

推销自己比推销产品重要

销售人员时常面临的困惑是:虽然产品质量一流,光芒四射,但是在接近准客户时,还没来得及介绍产品,就被拒之门外了。这就需要销售人员确定一个信念:在推销商品前,首先推销你自己,取得客户信任后,订单将不请自来。

业务代表A:"你好,我是××公司的业务代表周锦。在百忙中打扰你,想要向你请教有关贵商店目前使用收银机的事情。"

客户:"你认为我店里的收银机有什么毛病吗?"

业务代表A:"并不是有什么毛病,我是想是否已经到了需要更换新机的时候。"

客户:"对不起,我们暂时不想考虑换新的。"

业务代表A:"不会吧!对面李老板已更换了新的收银机。"

客户:"我们目前没有这方面的预算,以后再说吧。"

销售人员要善于推销自己。神谷卓一曾说:"接近准客户时,不需要一味地向客户低头行礼,也不应该迫不及待地向客户介绍商品。与其直接说明商品不如谈些有关客户的太太、小孩的话题

第二辑 坚定执着，做自己情绪的主人

或谈些社会新闻之类的事情，让客户喜欢你才真正关系着销售的成败，因此接近客户的重点是让客户对一位以推销为职业的业务员产生好感，从心理上先接受他。"

业务代表B："刘老板吗？我是××公司业务代表李黎明，经常经过贵店。看到贵店一直生意都是那么好，实在不简单。"

客户："你过奖了，生意并不是那么好。"

业务代表B："贵店对客户非常的亲切，刘老板对贵店员工的教育培训一定非常用心，对街的张老板，对你的经营管理也相当钦佩。"

客户："张老板是这样说的吗？张老板经营的店也是非常的好，事实上，他也是我一直作为目标的学习对象。"

业务代表B："不瞒你说，张老板昨天换了一台新功能的收银机，非常高兴，才提及刘老板的事情，因此，今天我才来打扰你！"

客户："喔？他换了一台新的收银机？"

业务代表B："是的。刘老板是否也考虑更换新的收银机呢？目前你的收银机虽也不错，但是新的收银机有更多的功能，速度也较快，让你的客户不用排队等太久，因而会更喜欢光临你的店。请刘老板一定要考虑买这台新的收银机。"

销售界有句流传已久的名言："客户不是购买商品，而是购买推销商品的人。"任何人与陌生人打交道时，内心深处总是会有一些警戒心，当准客户第一次接触业务员时，有"防备"心理也很正常。只有在推销人员能迅速地打开准客户的"心防"后，客户才可能用心听你的谈话。

客户是否喜欢你关系着销售的成败。所以说，与其直接介绍商品不如谈些客户关心的话题，让客户对你产生好感，从心理上先接受你。打开客户"心防"的基本途径是：让客户对你产生信任；引起客户的注意；引起客户的兴趣。

我们比较案例中的业务代表A和B，很容易发现，两个人掌

握同样的信息——张老板已经更换了新的收银机,但是结果截然不同,玄机就在于接近客户的方法。

业务代表A在初次接近客户时,直接地询问对方收银机的事情,让人感觉突兀,遭到客户反问:"店里的收银机有什么毛病?"然后该业务代表又不知轻重地抬出对面的张老板已购机这一事实来企图说服刘老板,就更激发了刘老板的逆反心理。

反观业务代表B,却能把握这两个原则,和客户以共同对话的方式,在打开客户的"心防"后,才自然地进入推销商品的主题。业务代表B在接近客户前能先做好准备工作——知道刘老板店内的经营状况,这令刘老板感觉很愉悦,业务代表和他的对话就能很轻松地继续下去,这都是促使业务谈判成功的要件。

☙ 学习应成为你的信仰 ☙

有人认为销售只是一项技术活,完全靠嘴皮子说话,只要跟客户关系搞好,个人的学习和修养无关紧要。其实,最优秀的销售员,是最善于学习,最勤于学习的。学习不仅是一种态度,而且是一种信仰。

原一平有一段时间,一到星期六下午,就会自动失踪。

原一平的太太久惠是有知识有文化的日本妇女,因原一平书读得太少,经常听不懂久惠话中的意思。另外,因业务扩大,认识了更多更高层次的人,许多人的谈话内容,原一平也是一知半解。

所以,原一平选了星期六下午为进修的时间,并且决定不让久惠知道。

每周,原一平都事先安排好主题。

原本久惠对原一平的行踪一清二楚,可是自从原一平开始进修后,每到星期六下午,就失踪了。久惠很好奇地问原一平:"星期六下午你到底去了哪里?"

第二辑 坚定执着,做自己情绪的主人

原一平故意逗久惠说:"去找小老婆啊!"

过了一段时间,原一平的知识长进了不少,与人谈话的内容也逐渐丰富了。

久惠说:"你最近的学问长进不少。"

"真的吗?"

"真的啊!从前我跟你谈问题,你常因不懂而躲避,如今你反而理解得比我还深入,真奇怪。"

"这有什么奇怪呢?"

"你是否有什么事瞒着我呢?"

"没有啊。"

"还说没有,我猜想一定跟星期六下午的小老婆有关。"

原一平觉得事情已到这地步,只好和盘托出。

"我感到自己的知识不够,所以利用星期六下午的时间,到图书馆去进修。"

"原来如此,我还以为你的小老婆才智过人。"

经过不断努力,原一平终于成为推销大师。

真正的幸运之神永远在有实力、有耐力的人旁边,而要拥有这样的实力,只有不断地学习、不断地进步。

无论什么时候,学习都是非常重要的事情。要时时储备知识,而且要掌握有用的知识,对知识要做好更新工作。

有许多推销员,特别是新手,都会苦于没有足够的推销信息。信息从哪里来呢?

让我们看看这位推销员是怎样说的吧。

"你得多参加公共活动,多看书报杂志,多动脑子,这样才能获取大量信息。说白了就是要不断学习,不断丰富充实自己。"

有人问:"你哪有时间读书报杂志并琢磨它呢?"

他的回答:"要学会利用时间。"

也许有人会说挤不出时间,那么他永远也不会成功。

销售心理学

爱默生说:"知识与勇气能够造就伟大的事业。"推销员要想成功,就要持续不断地学习,让自己的知识随时储备,不断更新。

现在的社会,要想永远立于不败之地,就必须使自己拥有核心的竞争力。要想拥有超强的核心竞争力,就必须拥有超强的学习力。

销售人员需要不断学习的知识主要包括以下几种:

一、不断学习市场营销知识

作为一名优秀的推销员,其任务就是对企业的市场营销活动进行组织和实施。因此,必须具有一定的市场营销知识,这样才能在理论基础上、实践活动及探索和把握市场销售的发展趋势上占优势。

二、不断学习心理学知识

现代企业的营销活动是以人为中心的,它必须对人的各种行为,如客户的生活习惯、消费习惯、购买方式等进行研究和分析,以便更好地为客户提供最大的方便与满足;同时实现企业利益的增加,为企业的生存和发展赢得一定的空间。

三、掌握一定的企业管理知识

一方面是为满足客户的要求;另一方面是为了使推销活动体现企业的方针政策、达到企业的整体目标。

四、不断学习市场知识

市场是企业和推销员活动的基本舞台,了解市场运行的基本原理和市场营销活动的方法,是企业和推销获得成功的重要条件。

懂得在反省中获得进步

很多中国销售员喜欢抱怨客户,抱怨老板,但就是不会反省,认识不到自己身上的缺点和毛病,结果是屡犯错误难以获得提升或成长。而只有善于反省,才不会重复犯错误,才能一步一个脚印

第二辑 坚定执着，做自己情绪的主人

地前进。

日本近代有两位一流的剑客，一位是宫本武藏，另一位是柳生又寿郎。宫本是柳生的师父。

当年，柳生拜师学艺时，问宫本："师父，根据我的资质，要练多久才能成为一流的剑客呢？"

宫本答道："最少也要10年！"

柳生说："哇！10年太久了，假如我加倍努力地苦练，多久可以成为一流的剑客呢？"

宫本答道："那就要20年了"。

柳生一脸狐疑，又问："如果我晚上不睡觉，夜以继日地苦练，多久可以成为一流的剑客呢？"

宫本答道："你晚上不睡觉练剑，必死无疑，不可能成为一流的剑客"。

柳生颇不以为然地说："师父，这太矛盾了，为什么我越努力练剑，成为一流剑客的时间反而越长呢？"

宫本答道："要当一流剑客的先决条件，就是必须永远保留一只眼睛注视自己，不断地反省。现在你两只眼睛都看着一流剑客的招牌，哪里还有眼睛注视自己呢？"

柳生听了，当场开悟，终成一代名剑客。

从这个故事得到的启示是，要当一流的剑客，光是苦练剑术不管用，必须永远留一只眼睛注视自己，不断地反省；要当一流的推销家，光是学习推销技巧也不管用，也必须永远留一只眼睛注视自己。

反省就是反过身来省察自己，检讨自己的言行，看自己犯了哪些错误，看有没有需要改进的地方。

一般地说，自省心强的人都非常了解自己的优劣，因为他时时都在仔细检视自己。这种检视也叫作"自我观照"，其实质也就是跳出自己的身体之外，从外面重新观看审查自己的所作所为是否

合理。这样做就可以真切地了解自己了。

能够时时审视自己的人,一般都很少犯错,因为他们会时时考虑我到底有多少力量,我能干多少事,我该干什么,我的缺点在哪里,为什么失败了或成功了,这样做就能轻而易举地找出自己的优点和缺点。为以后的行动打下基础。

主动培养自省意识也是一种能力,要培养自省意识,首先得抛弃那种"只知责人,不知责己"的习惯。

微笑是谁都无法抗拒的魅力

威廉是美国推销寿险的顶尖高手,年收入高达百万美元。他成功的秘诀就在于拥有一张令客户无法抗拒的笑脸。但那张迷人的笑脸并不是天生的,而是长期苦练出来的。

威廉原来是美国家喻户晓的职业棒球明星球员,到了四十几岁因体力日衰而被迫退休,而后去应征保险公司推销员。

他自以为凭他的知名度理应被录取,没想到竟被拒绝。人事经理对他说:"保险公司推销员必须有一张迷人的笑脸,但你却没有。"

听了经理的话,威廉并没有气馁,立志苦练笑脸,他每天在家里放声大笑上百次,邻居都以为他因失业而发神经了。为避免误解,他干脆躲在厕所里大笑。

经过一段时间练习,他去见经理。可经理说还是不行。

威廉没有泄气,继续苦练,他搜集了许多公众人物迷人的笑脸照片,贴满屋子,以便随时观摩。

他还买了一面与身体同高的大镜子摆在厕所里,只为了每天进去大笑三次。隔了一阵子,他又去见经理,经理冷冷地说:"好一点儿了,不过还是不够吸引人。"

威廉不认输,回去加紧练习。一天,他散步时碰到社区管理员,很自然地笑了笑,跟管理员打招呼,管理员说:"威廉先生,您看起来跟过去不太一样了。"这话使他信心大增.立刻又跑去见经理,经理对他说:"是有点意思了,不过仍然不是发自内心的笑。"

威廉仍不死心,又回去苦练了一阵,终于悟出"发自内心如婴儿般天真无邪的笑容最迷人",并且练成了那张价值百万美元的笑脸。

推销大师乔·吉拉德说,有人拿着价值100美元的东西,却连10美元都卖不掉,为什么,你看看他的表情,要推销出去,自己的面部表情很重要:它可以拒人千里,也可以使陌生人立即成为朋友。

笑可以增加你的价值。吉拉德这样解释他富有感染力并为他带来财富的笑容:皱眉需要9块肌肉,而微笑,不仅用嘴、用眼睛,还要用手臂、用整个身体。

"当你笑时,整个世界都在笑。一脸苦相没有人愿意睬你。"他说,从今天起,直到你生命最后一刻,用心笑吧。

我国有句俗语,叫"非笑莫开店"。意思是做生意的人要经常面带笑容,这样才会讨人喜欢、招徕顾客。这也如另一句俗话所说:"面带三分笑,生意跑不了。"

纽约一家大百货商店的人事部主任曾说过,他宁愿雇用一个有着可爱微笑的小学未毕业的女职员,而不愿雇用一位面孔冷淡的哲学博士。原一平取得成功的一个最大秘诀,就是他善于微笑。原一平认为:对推销人员而言,"笑"至少有下列十大好处:

1. 笑能把你的友善与关怀有效地传递给准顾客。
2. 笑能拆除你与准顾客之间的"篱笆",敞开双方的心扉。
3. 笑使你的外表更迷人。
4. 笑可以消除双方的戒心与不安,以打破僵局。
5. 笑能消除自卑感。
6. 你的笑能感染对方,让对方也笑,创造和谐的交谈基础。

销售心理学

7. 笑能建立准客户对你的信赖感。

8. 笑能去除自己的哀伤,迅速地重建自信心。

9. 笑是表达爱意的捷径。

10. 笑会增进活力,有益健康。

现实的工作、生活中,一个人对你满面冰霜、横眉冷对;而另一个人对你面带笑容、温暖如春,他们同时向你请教一个工作上的问题,你更欢迎哪一个?显然是后者,你会毫不犹豫地对他知无不言、言无不尽;而对前者,恐怕就恰恰相反了。

一个人亲切、温和、洋溢着笑意,远比他穿着一套高档、华丽的衣服更引人注意,也更容易受人欢迎。因为微笑是一种宽容、一种接纳,它缩短了彼此的距离,使人与人之间心心相通。喜欢微笑着面对他人的人,往往更容易走入对方的天地。难怪学者们强调:"微笑是成功者的先锋。"

的确,如果说行动比语言更具有力量,那么微笑就是无声的行动,它所表示的是:"我很满意你,你使我快乐,我很高兴见到你。"笑容是结束谈话的最佳"句号",这话真是不假。

有微笑面孔的人,就会有希望。因为一个人的笑容就是他传递好意的信使,他的笑容可以照亮所有看到它的人。没有人喜欢帮助那些整天皱着眉头、愁容满面的人,更不会信任他们;很多人在社会上站住脚是从微笑开始的,在社会上获得了极好的人缘是从微笑开始的,在事业上畅行无阻也是通过微笑获得的。微笑是十分奇妙的,它能在生活中荡开一层层涟漪,把生活的湖泊变成一种源自于生命深处的美感。

任何一个人都希望自己能给别人留下好感,这种好感可以创造出一种轻松愉快的气氛,可以使彼此结成友善的联系。一个人在社会上就是要靠这种愉快的联系才能立足的,而微笑正是打开愉快之门的金钥匙。

做自己情绪的主人

销售人员每天都需要用技巧来提升自己情绪的感染能力。但是日复一日单调的工作环境、捉摸不定的客户、变化无常的市场、精明能干的竞争者……这些原因都在压抑着原本就紧张不安的销售人员,那么如何才能保持激情呢?答案就是做自己情绪的主人。

销售人员要点燃客户的激情,就要先点燃自己的激情,因为只有真挚的感情才能感染客户的情绪。情绪如同钟摆一样,负面情绪的能量有多大,正面情绪的能量也就有多大,所以发现负面情绪时不要一味压抑,或者不去理会,任其自生自灭。建立自己的情绪管理机制,才能善于调动自己的情绪,从而影响客户的购买决定。

心态是由"意识、观念、目标、情感"等主观因素组成的,销售人员要做到的就是把自己的心态调整到一个合适的位置,把消极的心态转换成积极的心态,并且始终保持这种最佳的状态。抱着积极的心态去面对和欣赏某一件事物,你就会得到很多意想不到的收获,相反如果以消极的心态去面对,你就会发现很多缺点,同时也会认为自己很失败。

作为一名销售人员,也许你常常在询问自己,我该以怎样的心态去面对顾客?哪种心态有助于我取得最好的结果?怎样才能够把握好正确的销售心态?

要想找到最好的销售心态,首先必须了解顾客的想法。大致说来,顾客的心态可分成以下4种:

1."漠不关心"型。这种人不但对销售人员漠不关心,也对其销售行为漠不关心。视销售人员为洪水猛兽,将之拒之门外,不理不睬。

2."防卫"型。这种人对其购买行为高度关心,但是对销售人员却极不关心,甚至采取敌对态度。在他们心目中销售人员都是不诚实的、耍嘴皮子的人,对付销售人员的方法是精打细算先发制人,绝对不可以让销售人员占便宜。

3."软心肠"型。这种人心肠特软,对于销售人员极为关心,当一个销售人员对他表示好感、友善时,他总会爱屋及乌地认为他所销售的产品一定不错。这种人经常会买一些自己很可能不需要或超过需要量的东西。

4."寻求答案"型。这种顾客在决定购买之前,早就了解自己需要什么,他需要的是能帮助他解决问题的销售人员。对于所销售的产品,他会将其优点、缺点作很客观的分析,如果遇到问题,也会主动要求销售人员协助解决,而且不会作无理的要求。

由此可见,顾客越是趋向于"寻求答案"型的心态,销售人员越能达成有效的销售。因此,每一个销售人员都应该把自己训练成为一个对销售高度关心,对顾客也高度关心的"问题解决者"。

那么,当销售遇到困难时,应如何消除障碍性因素、以良好的心态顺利地开展销售呢?

1. 燃烧你的热情。它能够帮助你走出失落的心境,重新点燃你的激情,让你的特长有用武之地,使你很容易就能达到预定的销售目标。

2. 控制惰性。惰性对人意志的损伤是极大的,假如你陷入了使你活力减退的烦躁之中,可按下列方法做尝试:

(1)每天给自己确立一个主要目标,无论放弃其他什么事情,都要达到这个目标;

(2)在每个星期中确定一天为"追赶"日,这样在其他日子里可避开大部分琐碎和恼人的事;

(3)做每件工作都给自己一个时间限度,因为大多数人面对截止日期都能最有效地集中精力;

(4)和自己打赌,在一天结束之前,你能完成你必须完成的工作,当完成时给自己以奖励。

第二辑 坚定执着，做自己情绪的主人

3. 增加销售原动力。懂得如何聚集动力，如何节俭、集中地使用动力固然重要，但首先你必须具备动力。动力是一种积极、主动的力量，是一种去做的愿望。销售活动从本质上讲是一种探索未知的活动，探索性的特点决定了它有失败的可能，因此须不畏艰险，顶住压力，排除障碍，增强原动力。

4. 摒弃悲观消极的思想。摘掉你用来看生活的"忧郁"的有色眼镜，能使你看清楚生活中友善的明媚阳光。把你的"铁锤"丢掉，停止敲打，因为生活中的大奖是颁给建设者，而非颁给破坏者的。

5. 舒缓身心。每天工作结束后，用少许时间，回想自己做过的事情，以及为什么要这样做。静心分析这些原因，你就能清晰地知道自己的目标是什么，以及应该采取什么样的措施才能改变现在的境遇。

6. 区分优先次序。重新定义自己做事的先后顺序，同时为每一件事情规定一个完成日期，把这些内容写下来，不仅可以使紧张的心情安静下来，还可以清晰地绘制出合理的计划。

7. 描绘成功的场景。设想出成功的思路，在此基础之上推动销售进步，其中最为关键的一步是重新整理自己的思路，避免在思路上出现失误。

8. 创造增加值。雷同的产品才会产生价格大战，为什么客户要购买你的商品？你的商品有什么独特之处？是服务好还是性能多？思考这些独特的卖点，能够有效地帮助你销售。

9. 远离你的舒适地带。如果使用一个销售预测而没有带来预想的结果，这时就应该打破舒适地带，追逐新的生意，创造出新的生意列表，然后用全部精力去实现它。

10. 提升底线。永远不要满足自己当前的业绩，要时刻保持自我警醒，不断地尝试超越自己。你付出的努力越多，承受的痛苦越多，换回的成绩就相应地越多。试着每天多给客户打电话，用更

多的时间追踪客户的反馈,将自己的目标定得更高些,你就会投入更多的精力和热情到工作中去。

自信才能赢得客户认可

拥有积极心态,才会做出更大的成绩。积极来源于信心,销售人员只有对自己充满信心,对自己所在公司和所销售的产品信心十足,才会在销售工作中积极地争取、执着地奋斗、勇敢地面对,充满无尽的激情和动力,这就是信心的力量。克服自信心不足的心理弱点,提高自身的心理素质,增加前进的动力,以积极的姿态面对工作,面对客户,并努力争取成功。

当你和客户会谈时,言谈举止若能流露出充分的自信,则会赢得客户的信任,而信任,则是客户购买你的商品的关键因素。在导致一个销售人员失败的消极态度中,罪魁祸首就是他先对自己失去了信心,认为自己无法将商品售出。"销售人员与运动员一样,也应毫不气馁地工作,一个人的思想对自己的行动有很大影响。"不要对自己失去信心,即使真的没成功,也不要失望,因为这也在情理之中。

自信可以为你的商品增色许多。对于客户,自信比你的商品还要重要。有了它,你就不愁反败为胜了。自信的销售人员面对失败仍然会面带微笑,"没关系,下次再来"。他们在失败面前仍会很轻松,从而能够客观地反省失败的销售过程,找出失败的真正原因,为重新赢得客户的青睐而创造机会。

由此可见,销售人员必须表现出自信。客户通常较喜欢与才能出众者交手。他们不希望与毫无自信的销售人员打交道,因为他们也希望在别人面前自我表现一番。再者,他们怎么能够情愿和一个对自己的推销能力及商品都缺乏信心的人洽谈生意,并购买商品呢?

第二辑　坚定执着，做自己情绪的主人

"我一定能成为公司的第一名"——对于销售人员，这样的誓言是事业上一个有力的起点。拥有必胜的信念，对于销售人员来说，相当重要。

世界上最伟大的销售员乔·吉拉德，早年由于事业失败、负债累累，更糟糕的是，家里一点儿食物也没有，更别提供养家人了。

他拜访了底特律一家汽车经销商，要求得到一份销售的工作。经理见吉拉德貌不惊人，并没打算留下他。

乔·吉拉德说："经理先生，假如你不雇用我，你将犯下一生中最大的错误。我不要有暖气的房间，我只要一张桌子，一部电话，两个月内我将打破你最佳销售人员的纪录，就这么约定。"

经过艰苦的努力，在两个月内，他真正做到了，他打破了该公司销售业绩纪录。

对于销售人员来讲，"信念"是一个必须强调的名词。本来，在推销界就非常看重信念与意志。而销售人员当中的绝大部分人，现在都担负着从未有的很高的工作定额，以至于不得不把全部精力投入到紧张的销售活动中去。因为只有在销售领域获胜，才会给企业带来繁荣。随着经济萧条和商品销售竞争的逐步激烈化，在推销界，有越来越多的人认识到信念的重要性。就销售人员的信念来说，最主要的一点就是对销售的强烈追求而形成的信念。

每年都要确定自己的目标，以达到这个目标，并以突破这个目标为目的而努力奋斗。这样一来，工作定额就成为必须完成的任务了。从而使自己产生一种强烈的销售欲望：无论如何要达到目的。进而起到督促、鞭策自己的作用。而且，每天都要检查工作定额的完成情况，并与前一天的数字相比较。为了弥补其间的差额，再反复推敲自己预先制定好的销售方案，一旦确定，立刻付诸行动。在工作定额完成之后，紧接着就是每天检查定额突破后销售数量的增长率。若是与前一年相比增长率下降的话，就要反复思考，究竟怎样才能提高增长率，动脑筋研究新方法，随即依此开展

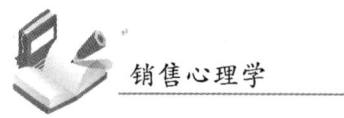

行动。

如此这般,每天都保持旺盛的销售欲望,就是信念培养法。这样去开展销售的话,肯定会自然而然地产生一种强烈欲望。我要去工作!这种内心萌发的对于工作的渴望,正是信念的奇妙效用。

为了做到这一点,就必须实行自我限制,就是为了把自己培养成一个出色的人所需要具备的奋斗精神与进取心。

每个公司都欣赏销售人员拼命夺取胜利的性格,作为销售人员,我们也必须对工作全力以赴,不能有丝毫保留。记住,惰性与挫折难以避免,轻易放弃是可耻的,不能让业务工作中的困难和障碍消磨掉你的斗志和决心,一旦放弃或是对工作敷衍,那么对一个销售人员来讲就是失职的。

无论你在任何时候,遇到任何事情,都要保持积极必胜的信念。因为唯有积极必胜的信念,才能支持你走过漫长的销售生涯,直至最后取得成功。

自信是积极向上的产物,也是一种积极向上的力量。自信是销售人员所必须具备的,也是最不可缺少的一种气质。那么如何才能表现出你的自信呢?

1. 你必须衣着整齐,挺胸昂首,笑容可掬,礼貌周到,对任何人都亲切有礼,细心应付。这样,就容易使客户对你产生好感。如此,你的自信也必然会自然而然地流露于外表。

2. 面对客户的无礼拒绝,销售人员更要坚定信心。销售人员经常是非常热情地敲开客户家的门,却遭到客户的冷言冷语,甚至无理侮辱。这时,你一定要沉住气,千万不要流露出不满的言行。要知道,客户与你接触时,并不会在意自己的言行是否得体,反而总是在意你的言谈举止。客户一旦发现你信心不足甚至丑态百出,则对你的商品就更不会有什么好感了。即使他认为你的商品质地优良,也会得寸进尺,见你急于出手,便趁机使劲压价。客户这样做,就是因为你失去了自信。

3.要对自信善加把握。自信既是销售人员必备的气质和态度,也可说是能倍增销售额的一个妙计,因为自信也要把握分寸,不足便显得怯懦,过分又显得骄傲。

自信会使你的推销变成一种享受,你就更不会讨厌它了。想一想就会明白,不自信的销售人员一定会把推销当作是遭罪,是到处求人的令人厌烦的工作。然而自信却能使你把推销当作愉快的生活本身,既不烦躁,也不会厌恶,这是因为你会在自信的推销中对自己更加满意,更加欣赏自己。如果你对自己和自己的商品充满了自信,那你自然就会拥有一股不达目的誓不罢休的气势。

忍让与业绩成正比

作为销售新人,有时觉得好像活在天堂,有时又觉得仿佛身在地狱。方才还与上一位客户热情地交谈,此刻却吃了下一位客户的"闭门羹"。不论是谁,当访问遭到拒绝时,心里一定很窝火,为了发泄心中的不快,有时难免发几句牢骚,甚至气愤地大骂,或是摔打东西。而这样的后果,往往是导致自己心情更糟糕,说得严重一点儿,这样的脾气将会让你的销售事业提前终结。因此,初涉销售行业的新人务必要学会控制自己的情绪,学会忍耐。

但人们在控制自己的情绪方面,总是容易走上极端,要么消极悲观、妄自菲薄,要么盲目自大、自以为是。这些情绪在销售工作中都是要不得的。妄自菲薄只能让人陷入沉沦的泥潭,盲目自大则会使人走向失败的深渊。

自大是一种脱离实际的盲目自信的表现。这样的人总是觉得自己什么都可以做得比别人好,自己不需要任何人的帮忙。他们虽然有一定的才华和能力,但是却把这仅有的才华和能力无限地放大,常常言过其实、出言不逊,而在真正做事的时候却是眼高手低,勉强为之,甚至根本就做不了。

自大的人,往往会缺少应有的礼貌,没有谦逊的品质,在人前只会一味地吹嘘自己,看不出大家风范,反倒是透着一股小家子气。盲目自大,一味吹嘘,可能会换回别人一时的赞叹,但是最终还是会因为名不副实而使自己的名誉受损,成就减半。工作中盲目自大的情绪是要不得的,从近处来说,盲目自大会限制发展;从长远来看,盲目自大则会断送自己的前程。

自大的人总认为自己是了不起的人,但事实上他们往往是最没有本事和能力的人,因为有本事的人只用实际行动来说明问题,而不是靠一张嘴来炫耀。盲目自大的人,因为看不见别人的优点,便过高地估计自己,而过低地估计别人。就像是刚学了几套拳脚的人,稍微比别人强一点儿,就觉得自己已经身怀绝技,武功盖世,所以便到处称雄,颇有打遍天下无敌手的气势,当碰上了真正的对手,才知道自己是多么的不堪一击。

日本"推销之神"原一平刚进入保险公司,就向一家大型汽车公司推销企业保险,可是听说那家公司一直以不参加企业保险为原则,无论哪个销售人员,都没能打动公司总务部长的心。而原一平连续两个月去拜访这位总务部长,从没有间断过,最终总务部长被原一平的这种精神打动了,决定见他一面,但要看一下他的销售方案,但没想到他只看了一半,就对原一平说:"这种方案,绝对不行!"原一平回去后对方案进行了反复的修改。第二天,他又去拜访总务部长。可是,这位部长却冷淡地说:"这样的方案,无论你制定多少都没用,因为我们公司有不参加保险的原则。"原一平气往上冲,对方说昨天的方案不行,自己熬夜重新制定方案,可现在又说拿多少来都没用,这不是在戏弄人吗?但是,他转念一想,我的目的是推销保险,对方有所需,自己的保险对其有百利而无一害,这单生意完全有可能成交。于是,原一平冷静下来,说了声:"再见!"就告辞了。从此以后,他仍坚持游说这位部长,一天又一天,一次又一次……终于,原一平凭着自己的忍耐力,促使对方签订了

第二辑 坚定执着,做自己情绪的主人

企业保险合同。

一般来说,销售新人在与客户交往时,要有一种自控、忍让的能力和观念,但这绝不意味着放弃和退缩。要做到既忍让又不失原则,就必须做到反应灵敏,事先多制定几个方案,做到有备无患。

那么,作为一名初出茅庐的销售新人,当我们遭遇挫折的时候,我们究竟怎么做才能控制自己的情绪呢?

1. 承认自己情绪化。比如,害怕明天去拜访客户,我们可以告诉自己:"我害怕拜访客户,但是我会努力做好的。"当我们自我鼓励时,就表明我们承认自己有情绪,同时自己要努力调整好情绪。这时我们会发现,情绪消失得无影无踪了。

2. 设法平息内心的波动。对于销售新人而言,刚开始拜访客户难免情绪激动,通过转移注意力可达到这一目的。比如,可以翻阅杂志或相册,从而使头脑保持镇静;也可以把注意力集中在一个比较中意或崇拜的人身上;或者花几分钟时间回忆一下开心的往事;还可以在脑海中构思美好的明天。此外,也可借助音乐来调节情绪。

需要特别强调的是,推销工作包括重要日常事务和各种突发事件,销售新人要想干好这一切,必须学会忍耐。培养这种能力是很重要的,销售新人既要在心理素质上具备这种能力,又要在工作当中具备这种能力。这是成为一名优秀销售人员必须具备的基本能力。

因此,销售新人在客户面前应努力驾驭自己的情感,控制自己的脾气,克服自己习以为常的行为习惯,征服自己的动机与意念。优秀的销售人员之所以优秀,就是因为他们都能驾驭自己的情感。如果说生活的前沿阵地上,我们面对的是失败、挫折等形形色色的客观敌人,那么在后方,我们面对的却是主观上的敌人——脾气。你也许从小到大都认为,自己的情感是无法选择和控制的。因为作为销售新人,被拒绝、被指责、被误会在所难免,总有好多事情让

你不由自主地气愤、忧愁、愤怒。这是由销售人员这个职业的特点决定的。如果你想在销售上取得成功，那就必须做到"忍字当头"，冷静处理种种事端。

好脾气创造好业绩

对于销售人员而言，坏脾气偶尔会被看成是魄力与决断的代名词，但是如果不加控制地乱发脾气的话，不仅会使心中的怒火难以化解，还会使事情的局面恶化，严重者会使群体遭殃。同时，相互之间的推诿、争论、猜疑和不信任就会相继而来，这样无形之中就会产生一种不和谐的气氛，一旦这样的不良气氛肆意蔓延，就会给许多销售人员罩上不利的"晦气"。销售现实利益和潜在利益都会成为坏脾气的陪葬品。

很多销售人员总把自己比喻成是"风箱中的老鼠"，挣的钱不多，受的气不少，更多的时候是两头受气。在公司被经理骂，是因为没有完全执行公司的政策，于是很多人选择了悄悄地抱怨："按照你们的官僚政策做，把客户都搞死了。"或者抱怨："也不看看是什么货，卖这么高的价，怎么可能完成任务。所谓的任务纯粹是扯淡。还不是为了让我们拿不到提成？"可要知道这些抱怨都无法解决问题，只能增加自己的消极情绪。

再者，在客户那里，被客户骂："你怎么又来了，一次也不解决问题，上次坏的货还没换回来，人来也没有用呀。我和你做已经是打肿脸充胖子了，只能销你这么多货，别逼我了，否则……"那么什么样的销售人员怎么才能扮演好自己的角色，做好自己的工作？唯一的答案就是脾气好的销售人员。

如果销售人员身上有不良的脾气，就会葬送自己的事业和前程，因为顾客不是你的下属，不可能一味地对你忍训顺从或者无条件地服从你，不会主动配合给你戴上几顶永远正确的帽子，更不会

第二辑 坚定执着,做自己情绪的主人

包容你的坏脾气。

"好脾气"可以创造出更好的业绩,这是许多从事销售工作人员的经验之谈。所谓"好脾气",就是指与客户洽谈时能够适当地控制自己的情绪,不急不躁,自始至终一直以一种平和的语气与客户交谈,即使遭受客户的羞辱也不以激烈的言辞予以还击,反而能报之以微笑。这种"你生气来我微笑"的工作态度往往能够打动客户,从而改变其固有的想法,最终达成交易。

反之,坏脾气的销售人员最终只能失去自己的客户,所以应警惕坏脾气的影响。若想消除这种焦虑情绪,销售新人必须调整好自己的心理状态,做到临危不乱,处变不惊,时刻冷静地面对一切。

至于如何消除焦虑情绪,美国一家公司经理的做法值得销售新人学习和借鉴。这位经理在做销售人员的时候,总是不能摆正心态,去踏踏实实地工作。他想早日出人头地,但现实与理想之间的差距太大了。于是他准备辞职,然后找一份适合自己的工作。

在写辞职信之前,他为了发泄心中的怒气,就在纸上写下了对公司中每个领导的意见,然后拿给他的老朋友看。

然而,朋友并没有站在他的立场上,和他一同抨击那些领导的一些错误做法和指导思想,而是让他把公司领导的一些优点写下来,以此改变对领导的看法。同时,还让他把那些成功销售人员的优点写在本子上,让他以此为目标,奋力拼搏。

在朋友的开导下,他心中的怒火渐渐平息了,并决定继续留在公司里,还发誓努力学习别人的长处来弥补自己的不足,做出点成绩让他人看看。

从此。这位销售人员学会了一种发泄怒气的方法,凡是忍不住的时候,他就把心中的愤恨写下来,读一读,这样心中就平静多了。

要想做一个成功的销售人员,需控制以下几种情绪:
1. 乱发脾气。做销售工作,被拒绝如家常便饭,这时不应乱

发脾气,而应时刻保持一颗冷静的心。有些销售新人在愤怒情绪的支配下,往往不顾别人的尊严,以尖酸刻薄的言辞予以还击,使对方的尊严受到伤害。实际上,这样虽然能使心中的怨气得以发泄,但到头来吃亏的还是自己。

2. 猜疑。猜疑是生意场中的腐蚀剂,它可使即将成交的生意前功尽弃。如果与客户发生误会,交易就难以取得成功。作为销售人员,一定要与客户保持畅通的交流,否则就会因为猜疑而失去客户。

3. 妒忌。妒忌对一个人的身心健康成长是极为不利的。对于销售人员而言,如果看到其他同事取得良好的业绩就妒忌、诅咒甚至诋毁,遭遇挫折就幸灾乐祸,那么他根本不可能得到同事的帮助,在销售工作中也难以打开局面。

4. 恐惧。一次失败的经历或尴尬的遭遇都可能使人变得恐惧。特别是初出茅庐的销售人员。比如,一名销售新人首次拜访客户就遭到拒绝,那么当他下一次拜访客户之前,心里难免会有一些恐惧的阴影。造成恐惧的原因大多是销售新人缺乏自信,要想克服这一弱点,销售新人必须苦练推销技巧,练就过硬的心理素质,敢于去登门造访。

5. 焦虑。产生焦虑情绪而不想方设法加以控制和克服,就会在客户面前失去自信。这样一来,客户就很难相信销售人员所推销的产品。

6. 自珍情结。坏脾气的人通常会为自己定格:"我这人就是脾气急了一点儿,但是心肠比较好,为人正直,而且是个性情中人。"这样的人通常有自珍情结,而且会把自己在某一环境下的坏脾气变成习惯,不经意之间便奉为信条,这样一来坏脾气就成了不良性格。

其实在生活当中,无论是顶尖级销售人员,还是销售新人,谁都会有发怒的时候,谁都不会永远不发怒。但是,少发怒和不随便发怒却是做得到的。要想制怒,必须标本兼治。要想治本,就需要加强个人修养,包括提高文化素养和道德情操,拓宽心理容量,不为区区小事斤斤计较。

练就豁达的心态

作为销售人员,也许你有过这样的经历,在你的推销过程中,遇到意想不到的阻碍,令你觉得情况严重。比如说,我们都知道事先准备妥当的重要性,尤其是你如果想在客户面前做一些现场表演的展示时,千万不能出错。为此,你在出门前,总是会再三检查一遍的,例如:油箱加满了吗?电压开关是否调到220伏的位置?是否带足了各种不同食物以便展示食物处理器……

然而,百密总有一疏,而且有很多事情也是你无法控制的,就算你是最顶尖的销售人员也不例外。你是否还记得你在现场表演展示中所出的各种意外:当你正在施加拉力以证明产品所使用的材料具有高强度的时候,却没想到产品爆裂断掉了;当你打开一瓶葡萄酒时,就在50多人面前,喷出的葡萄酒洒满了你的上半身。当然,更窘迫的情况是当你要使用投影仪时,灯泡突然烧坏,而备用盒中却空空如也。

我们或多或少地会犯这些不同程度的错误。如果你从来没有在展示时出过错,那也只是证明了你在推销业中的资历不是很深。

很多资深销售人员在谈起推销的秘诀时,都把关注点集中到如何提高销售技巧上,这似乎成为推销的唯一秘诀,但事实上并非如此,推销能否成功实际上取决于销售人员的心态。

狄更斯曾经说过:"一个健全的心态比一百种智慧都有力量。"作为销售人员,你拥有什么样的心态,就会取得什么样的业绩。很多成功的销售人员在谈到自己的成功时,都会有一个共识——业绩不是由命运控制的,而是由心态掌管的。学会以积极的心态应

对失败,才能够激发起聪明和才智。

销售人员在面对挫折和失败时,要有百折不挠的勇气。当你历经无数次失败以后,你一定要有足够的耐心。你要知道所有的失败都是在为以后的成功做准备。下面就是给你的建议:

1. 嘲笑自己的错误。很多时候,一笑置之是最好的摆脱尴尬的方法。自嘲一下可以使你从窘迫的情况中跳出来。

有一次,销售人员刘刚正向一群运输业者展示一种高质量的机油。一切都很顺利,观众也都很专心。刘刚拿着两支装有不同质量机油的试管,每一支试管都用橡胶垫封住了开口。当他要把试管倒立过来比较机油滑落的速度时,没想到两支试管的橡胶垫却都脱落。一时间,机油洒满讲台。刘刚的全身上下也被波及,而他手中高高举着两支空空的试管。

结果如何? 刘刚看着他们,他们也看着刘刚。刘刚看到角落处有位观众的嘴角突然抽动了一下,接着刘刚自己开始大笑出来。刘刚站在台上大笑,全屋子的观众也跟着大笑。他们的笑声实在太吵,害得会议中心的值班经理以为发生了什么意外,迅速跑来,从门缝中查看究竟是怎么回事。

刘刚当时如果用很严肃的态度来处理,就会变成一场很失败的展示会。出了这么大的糗事,刘刚还能大笑出来,显示出他不会很在乎这个小意外,所以观众也不会觉得陷入窘境。观众一定知道这是意外,而且,他们也可以借此机会知道,你是不是一个碰到突发情况便手足无措的人。

2. 这真是个好听的笑话。如果遇到对手公司的诋毁,我们该如何处理呢? 一位政治家说过:"真理尚未萌芽,谎言早已传遍半个世界。"这样的谎言对公司的伤害是很严重的,如果你用很严肃的态度来处理,很可能就会让对方误以为你真的很担心这种状况。

销售人员往往要比常人面对更多、更复杂的竞争环境,特别是刚开始工作时面对失败更是家常便饭,就看你以何种心态对待,为什么同样是一起做销售的人,有的人能够做出出色的业绩,而有的人却碌碌无为地工作,甚至有一部分人在工作之初就转行了。这就是不同心态在起作用的原因。

有时候,即使你的业绩很出色,但也不一定会被认可,所以你要放平自己的心态,学会一笑了之。

鼓起勇气,战胜怯场

心理学家研究发现,人们在没有经历一些事情的时候,总是会首先对自己形成一种心理暗示,比如把一块宽 30 厘米、长 10 米的木板放在地上,人们可以轻易地从上面走过去,但如果把这块木板放在高空中,很多人就会因为害怕而不敢迈步。这时候人们往往会形成一种自我暗示:我会掉下去的。在这样的暗示作用下,人们就会感到恐惧,害怕自己真的掉下去,虽然事实并没有发生。

在实践当中,销售人员的恐惧多半来源于"不敢与人打交道",我们把这种现象叫作"缺乏人际勇气",销售新人在这一点上尤为明显,由于缺乏人际勇气而遭到淘汰的销售人员占 40% 以上,这些人多半是在入职后不长的时间就暴露出这样的问题。

有很多销售新人往往只注重对技能和知识的学习,却忽视了如何克服恐惧的训练。不仅是这样,有很多已经有丰富销售经验的人员,他们骨子里也是缺乏人际勇气的。他们对于产品、技能的掌握都没有问题,他们非常勤奋,甚至也赢得了客户的尊重,但是他们的成交率就是不高,甚至有很多眼看到手的客户却丢了。他们的办法就是一次一次地拜访、介绍产品,然后一次一次地被拖下去,最终丧失了客户。这种现象在很多公司中非常的普遍,究其原因,我们发现这仍然与销售人员缺乏人际勇气有密切的关系。

刘洋是某公司新来的一个业务员,有一次,他需要去拜访一位客户,去之前就听同事说该客户是一个大企业的老总,为人很严

销售心理学

肃。于是一开始刘洋心里便开始担心,害怕客户为难自己,或者干脆把自己骂出来。他越想越害怕,甚至想要放弃,但是已经和客户约定好了,见面总还是要去的。

在去客户公司的路上,刘洋心里一直忐忑不安,设想了各种可能出现的情况,心情变得越来越沉重。终于到了客户的门口,此时刘洋甚至连敲门的勇气都没有了。这时门突然开了,正好是那位老总,于是刘洋就跟着主人进了办公室。客户对刘洋很客气,也没有别人说得那么严肃,但是客户越是热情,刘洋越是紧张,最后连自己说什么都不知道了。客户见刘洋是那样的表现,心里很不满意,就找了个理由让他离开了。这笔生意当然没有成功。

怯场对销售工作的影响是致命的。当销售人员在客户面前面红耳赤、吞吞吐吐、语无伦次、无精打采的时候,给客户留下的就是负面的印象,客户会认为销售人员不诚实、不干练、不成熟,因此对销售人员的信任度也会降低,即使产品很好,客户也会失去购买的欲望。久而久之,会影响到销售人员的声誉,使客户不再光临。

优秀的销售人员应具备的心理素质就是不畏惧。因为销售职业生涯中,头号杀手既不是商品的价格,也不是宏观的经济萧条,甚至不是竞争对手的策略或拒绝见面的客户,心理学家认为,真正阻碍销售人员成功的是他们拜访客户的胆怯心理。

销售人员必须敢于推销自己,同时更要愿意自我推销,最大限度地争取到周围人的认可。其实,只要你能鼓起勇气,勇敢地迈出第一步,以后的事就不会令你觉得那么困难了。只要你做到以下几点,一定会克服恐惧心理。

1. 相信自己。自信心是一切事业成功的基础。在销售事业中,相信自己则意味着不仅仅相信自己的办事能力,而且相信自己选择销售事业的正确性,相信自己的工作能够给每一个人带来健康、财富和事业,相信自己是把产品、把爱心和朋友们分享。只要树立了这种职业的自信心与自豪感,你自然会勇敢地走向陌生人。

2. 评估对方。两人初次见面时,往往很自然地在乎别人对自己的评价。但作为销售人员,如果时时在意对方的想法,心理上就会有患得患失之感,产生巨大的压力,当然会显得紧张无措。所以,你不如暂时忘记自己,反过来评价对方:仔细观察对方的表情、服装、说话神态,找到对方的缺点。这样,在心理上你就能从被动变为主动,产生与对方平等的感受,压迫感与恐惧感随之减缓。

3. 大声说话。在初次见面的场合,你不妨试着尽量放开声音,大声交谈,有力地握住对方的手,开个无伤大雅的玩笑或爽朗地大笑,都会使紧张的心理迅速缓解,害怕与畏缩也就被抛到九霄云外了。

4. 心情放松。我们的生活中总会有些日常琐事让人烦躁不安,但请你千万记住:不愉快的情绪会带给对方不愉快的印象。因此,在和陌生人会面时,一定要抛开不顺心的事,想一些让自己高兴的事,试着哼几句喜欢的歌,踩着轻快的步伐,让心情飞扬起来,把一个快快乐乐的你,呈现在别人面前。这时,你还会紧张吗?

5. 看淡得失。与人交往时,希望马上达到目的,往往会欲速则不达,反而因急于求成而显得慌乱、僵硬,使自己窘态毕现,无法发挥实力。所以,在走近陌生人的时候,不要把第一次见面的得失看得太重,只要告诉自己,与对方建立良好的关系,争取到再次见面的机会就够了。这样,你就会心平气和、从容自若地与人交往了。

拒绝悲观,坚持到底

优秀的销售人员都是敢于坚持自己梦想的人。坚持梦想,用财富的砖头敲开梦想的门。为了家人,为了自己,勇敢地追求财富,追求梦想。优秀的销售人员会将潜意识里的激情和信念变成

销售心理学

超意识的决定和行动来达到目标。

高木是日本著名的推销界人士,写了不少著作。他说:"切勿做一个只在山脚下转来转去毫无登山意志的人。必须尽自己的体力,攀登上去。有此宏愿,即使技术不够,也还是可以最终登上山顶的。"当年,高木初入推销界的时候,也是一切都不如意。他每天跑三十几家单位去推销复印机。在第二次世界大战后百废待兴的时期,复印机是一种非常昂贵的新型商品,绝大部分机构都不会购买。大多数机构连大门都不让推销人员进;即使进去了,也很难见到主管。高木只好设法弄到主管的家庭地址,再登门拜访,而对方往往让他吃闭门羹:"这里不是办公室。不谈公务。你回去吧。"

第二次再去,口气更为强硬:"你还不走,我可要叫警察了!"

头三个月的业绩为零,他连一台复印机也没有卖出去。他没有底薪,一切收入都来自交易完成以后的利润分成。没有做成生意,就没有一分钱收入,出差在外时住不起旅馆,只好在火车站候车室过夜。但他仍然坚持着。

有一天,他打电话回公司,问有没有客户来订购复印机。这种电话他每天都要打,每次得到的都是值班人有气无力的回答:"没有。"但这一天,回答的口气不同了:"喂,高木先生,有家证券公司有意购买,你赶快和他们联系一下吧。"

简直是奇迹,这家公司决定一次购买8台复印机,总价是108万日元。按利润的60%算,高木可得报酬超过19万日元。这是他的第一次成功。从此以后,时来运转,他的销售业绩直线上升,连他自己都觉得惊讶。进入公司半年以后,高木已经是公司的最佳销售人员了。他觉得,自己之所以能够成功,是因为他将整个生命都投入到这个工作中去了。

有一天他到C机电公司去推销,主管很仔细地听取高木的产品介绍。然后说:"请你拿一份图纸给我看看。"高木将图纸送过去,新的要求又来了:"请你把那些已经使用这种复印机的单位名录给我看一看。"

高木不厌其烦,又整理了一份名录送过去。那人说:"请再为我算算成本。"

总之,每一次去对方都有新的要求,就是不提购买的事。高木有求必应。就这样拖了两个月,主管竟然提出:"请你们的社长来一次好吗?"

高木不知道他葫芦里卖的什么药,但还是请社长一起去拜访了这位主管。吃饭时,这位主管对社长说:"你这位高木先生实在了不起。我工作了这么多年,不知见过多少销售人员,但能完全遵照我的要求办事的,只有他一个人。"从此以后,C机电公司所有购买复印机的业务,一律交给高木办理。

乔·吉拉德曾经说过:"成功的人有时候也是被逼出来的。我想大多数人都会承认,他们之所以成功,是因为他们的坚韧不拔,不断追求成功,事实上,坚韧不拔便是成功的保证。"

有些销售人员生性悲观,凡事都往坏处想,以致在展开行动之前,找出一堆失败的借口;还有人喜欢大模大样地列举一些理由,仿佛是生命中的大事。不可否认,办不到的借口多得数不清,但爱找借口的人,失败的概率往往高于常人,因此绝不能在做事之前,就开始找借口搪塞。

即使成功的概率微乎其微,但只要存在着可能,就要勇敢地接受挑战。只有勇于接受挑战,才会存在成功的可能性。倘若在一开始就放弃,胜利的号角绝不会为你响起。

因此,作为一个销售新人,要想把挫折降到最低点,或者说面对挫折坦然去应付的话,那你就必须具备下面的这些心态:

1. 热情。一个对自己的职业都不热情的人,怎么会调动客户的热情?业务员的热情是具有感染力的一种情感,他能够带动周围的人去关注某些事情,当你很热情地去和客户交流时,你的客户也会"投之以李,报之以桃"。当你在路上行走时,正好碰到你的客

销售心理学

户,你伸出手,很热情地与对方寒暄,也许,他很久都没有碰到这么看重他的人了,没准你的热情就能促成一笔新的交易。

2. 永葆赤诚之心。态度是决定销售新人面对挫折如何成功的基本要求,作为一名销售人员,必须抱有一颗赤诚之心,诚恳地对待客户,对待同事,这样,别人才会尊重你,把你当作朋友。

为此,许多销售大师指出,刚刚走上销售行业的新人首先要对人真诚。真诚面对自己,真诚面对别人。这么一来,才能因尊重自己与别人而赢得对方的敬重,这样才能抑制挫折的出现。

3. 自信心。自信是一种力量。首先,要对自己有信心,每天工作开始的时候,都要鼓励自己,我是最优秀的!我是最棒的!同时,要相信公司,相信公司提供给客户的是最优秀的产品,要相信自己所销售的产品是同类中最优秀的,相信公司为你提供了能够实现自己价值的机会。

4. 韧性。销售工作实际是很辛苦的,这就要求销售代表要具有吃苦、坚持不懈的韧性。"吃得苦中苦,方为人上人。"销售工作的一半是用脚跑出来的,要不断地去拜访客户,去协调客户,甚至跟踪消费者提供服务,销售工作绝不是一帆风顺,会遇到很多困难,但要有解决困难的耐心,要有百折不挠的精神。

5. 良好的心理素质。具有良好的心理素质,才能够面对挫折、不气馁。每一个客户都有不同的背景,也有不同的性格、处世方法,自己受到打击要能够保持平静的心态,要多分析客户,不断调整自己的心态,改进工作方法,使自己能够面对一切责难。只有这样,才能够克服困难。同时,也不能因一时的顺利而得意忘形,须知"乐极生悲",只有这样,才能够胜不骄,败不馁。

6. 责任心。无论你是一个刚进入销售行业的新人,还是一个老业务员,你的言行举止都代表着你的公司,如果你没有责任感,你的客户也会向你学习,这不但会影响你的销售量,也会影响公司的形象。无疑,这也是让你受到挫折惩罚的原因。

磨炼恒心，绝不半途而废

任何人成功之前，必然会遇到一时的失意，说不定也会落败几回。碰到不如意的事，选择放弃也许是最简便的做法，而且生活中大部分人就是这么办的。

然而全美国的富豪中，有 500 人以上亲口说过，他们最轰轰烈烈的成功和打击他们的挫折之间相距仅有一步。要想成功，就不能被放弃的心情左右，你要知道——黄金只在三尺之下。只有锲而不舍，才可达成目标，要有无论如何也要坚持下去的坚定信念。

作为销售人员，你唯一要做的就是想尽一切办法与客户接触，尽力说服客户购买自己的产品，绝不轻言放弃。

下面要讲的一个销售人员卡尔森就是这种锲而不舍的人。他千方百计要把自己公司的阀门推销给芝加哥的一家糖果厂，该糖果厂使用另一个牌子的阀门已有 25 年的历史。一天，在吃午饭时，他拦住糖果厂的总机械师，说他下午两点要去见他。

两点刚过，总机械师气冲冲地走进会客厅，用愤怒的目光瞪了卡尔森一眼。卡尔森慌忙请他坐下，开门见山地问："您用的阀门漏不漏？""买阀门不是我的事！"总机械师高声说，"你去找总工程师吧。"

卡尔森装作没听见他的话，继续问："什么设备上的阀门泄漏最多？"

"焦糖蒸汽罐上的。"总机械师不情愿地承认，"但我购买任何阀门。"

这时，卡尔森已经开始展示自己的样品，他把阀门拆开让总机械师看：由于在特硬底座和堵盘之间垫的是修剪好的薄钢片，因而阀门可以做到绝对密封。"你们的焦糖蒸汽罐上使用多大尺寸的

阀门？"卡尔森问。

"3/4英寸的，"总机械师回答，"但我已经告诉你，我什么阀门也不要。"

卡尔森根本不听此话，却对陷入困惑的总机械师下令道："你写一张请购单，就说需要一只3/4英寸的实心阀门，进屋去给你们采购员要一张订单。然后你就会看到阀门的泄漏问题将会彻底解决。快去吧！"

总机械师走进屋里，为那一只试用的阀门拿来订单。卡尔森在几分钟之内做到了他们公司经销商及销售人员25年来未曾做到的事，原因是只要出现"不"字，他的耳朵就会自动堵上。

在销售的过程中，销售人员常见的挫折就是遭到客户的拒绝。尤其是对一些上门进行推销的销售人员来说，吃到"闭门羹"也是一件非常正常的事情，但是却很少有销售人员能用一种平和的心态来看待吃"闭门羹"这件事情。其实，对于销售人员来说，很多时候，第一、二次是很难谈成生意的，但是如果你敢于面对这种被拒绝的挫折，用你真诚的心来使客户敞开自己的心扉，这样你就会与客户更加亲近，也就有助于销售的进行。

在这个世界上，最伟大的销售人员往往是遭受挫折次数最多的销售人员。但失败是成功之母。

如果把销售过程比作一把披荆斩棘的"刀"，那么挫折就是一块必不可少的"磨刀石"，为了销售的成功，为了快乐的工作和生活，销售人员一定要学会勇敢地面对挫折的磨砺，越挫越勇。

一个成绩斐然的销售人员说过，头一次提出成交要求就获得成功的买卖，在他做成的所有买卖当中只占1/10，他在精心准备推销活动时，要设计好几种成交法，如果头一次努力没有成功，下一次努力还有可能产生较好的结果。他在签合同前做着被拒绝一次、两次、五次、七次，甚至八次的准备。他根本不怕遭到对方的拒绝，那样反而能增强他进一步争取成交的动力。

在交涉中,他也并不停下来去反驳对方的决定,而是设法找出促成对方购买决心的哪些因素还尚未利用,继续说:"噢,对啦,我还有一点没给您讲清楚呢。"接着便展开另一个推销要点。这种销售方法的结果是,最终大部分顾客都在他的坚持面前让了步,或者说,为他的这种不达目的不罢休的精神所感动,从而心甘情愿购买他的商品。

毫无疑问,在遭到拒绝时具有毫不退缩的精神应当是所有销售人员争取胜利的必备素质。在说"不"时仍能坚韧不拔才会有助于你的工作。

事实上,挫折无疑是一个人在实现预定目标的过程中所面对的种种干扰和阻碍、进而使自己产生消极敌对的情绪状态。所以,从这个意义上来说,挫折其实就是一种情绪心理,会给人造成极大的心理压力,如果不能够及时地调整过来,就会使自己丧失信心和热情。因此销售人员要善于对挫折心理进行妥善的疏导和管理,从而避免挫折感的产生。那么,销售人员应该如何避免挫折心理的产生呢?

1. 有意义地工作。在销售的过程中,一定要学会确立小而具体的目标,并努力去实现,在实现的过程中,要不断地进行修正和树立新的目标。切忌树立的目标过于远大或者与自己的能力相距甚远。

2. 面对现实,改变策略。销售的过程中,挫折是不可避免的,回避只是一时的解脱,只有敢于面对,努力寻求解决的办法,积极地改变策略,才会扭转不利局面。

3. 改变认识,柳暗花明。当销售的过程中遇到挫折时,一定要学会换个角度思考问题,这样往往会使沮丧、绝望的人从中看到希望,"塞翁失马,焉知非福"?

销售心理学

遇到挫折,永不放弃

其实,优秀业务员与平庸业务员并没有多大的区别,只不过是平庸者走了99步,而优秀者走了100步而已。平庸者跌下去的次数比优秀者多一次,而优秀者站起来的次数比平庸者多一次。当你走了1000步时,也有可能遭到挫折,但成功却往往躲在拐角后面,若不拐弯,永远不可能获得成功。

在现实工作之中,往往有许多销售人员对失败的结论下得太早,当遇到一点点挫折就对自己的工作产生了怀疑,甚至半途而废,那前面的努力就白费了。唯有经得起风雨及种种考验的人才是最后的胜利者。要牢记,如果不到最后关头就决不言放弃。

被称为"保险业怪才"的克里蒙·斯通,是美国联合保险公司的董事长,也是美国最大的商业巨子之一。

斯通幼年丧父,靠母亲替人缝衣服维持生活,为补贴家用,他很小就出去卖报纸了。有一次,他走进一家饭馆叫卖报纸,被赶了出来。他趁餐馆老板不备,又溜了进去卖报。气恼的餐馆老板一脚把他踢了出去,可是斯通只是揉了揉屁股,手里拿着更多的报纸,又一次溜进餐馆。那些客人见到他这种勇气,终于劝老板不要再撵他,并纷纷买他的报纸看。斯通的屁股被踢痛了,但他的口袋里却装满了钱。

勇敢地面对困难,不达目的永不放弃——斯通从小就是这样的孩子,后来也仍是这种人。

斯通还在上中学的时候,就开始试着去推销保险了。他来到一栋大楼前,当年卖报纸时的情景又出现在他眼前,他一边发抖,一边安慰自己:"如果你做了,没有损失,还可能有大的收获,那就下手去做。"还有"马上就做!"

他走进大楼,如果他被踢出来,他准备像当年卖报纸被踢出餐馆一样,再试着进去。但他没有被踢出来。每一间办公室,他都去了。他的脑海里一直想着:"马上就做!"每一次走出一间办公室,而没有收获的话,他就担心到下一个办公室会碰到钉子。不过,他毫不迟疑地强迫自己走进下一个办公室。他找到一个秘诀,就是立刻冲进下一个办公室,就没有时间感到害怕而放弃了。

那天,有两个人向他买了保险。就推销数量来说,他是失败的,但在了解他自己和推销术方面,他有了极大的收获。

第二天,他卖出了4份保险。第三天,6份。他的事业开始了。

20岁的时候,斯通自己设立了只有他一个人的保险经纪社,开业的第一天,他就在繁华的大街上推销出了54份保险。有一天,他有个令人几乎不敢相信的纪录,122份!以一天8小时计算,每4分钟就成交一份。

1938年底,克里蒙·斯通成了一名拥资过百万的富翁。

斯通说成功的秘诀在于"碰到挫折后,永不放弃"的精神。他还说:"如果你以坚定的、乐观的态度面对艰苦,你反而能从其中找到好处。"

在销售行业,的确如斯通所讲,能做最多的生意、得到最多的客户、销售最多的商品的,永远是那些不灰心、能忍耐、决不在困难时说出"不"字的销售人员,是那些有忍耐精神、谦和礼貌、足以使别人感觉难违其意、难却其情的人。每一个销售新人,都应该努力使自己成为这样的人,而不是与之相反。

由于种种原因,人们往往对各商家的销售人员有些不欢迎;但是,当他们遇到有忍耐精神、谦和礼貌的销售人员时,情况就不同了。他们知道,有忍耐精神的销售人员是不容易打发的;他们常常由于钦佩那个销售人员的忍耐精神而购买他的商品。

所以,只要认定了一个大目标,不管实现它是容易还是困难,不管自己高兴还是不高兴,总是全力以赴去做的人,总能获胜。现

实中,很多销售新人一遇到困难不是去努力解决,而只是寻找借口推卸责任,夸大任务的难度,抱怨上司分派工作的不公。这样的人很难成为优秀的销售人员。

　　总之,每个销售新人都应该明白:不管什么时候,意志坚定的人总能在社会上找到自己的位置。人人都依赖那些为事业百折不回、能坚持、能忍耐的人,愿意与他们合作,因为坚定的意志能产生牢固的信用。当你明白了成功是用失败堆积而成的时候,你就会在遇到挫折或困难时,去正视它,并去克服它。即使一时解决不了,只要坚持下去,早晚会成功。

第三辑

运筹帷幄，洞悉客户消费心理

从心理学的角度来讲，人们做任何事都是为了满足其各种各样的心理需求，当心理需求得不到满足的时候，其内心就会处于"饥渴"状态，迫切地希望能够通过各种途径得以弥补。

人的欲望是无限的，这些欲望包括物质方面的和精神方面的，而且二者是并存的。在物质需求得到满足的同时，人们更希望得到心理需求的满足。

销售心理学

抓住客户的"从众"心理

一般来说,群体成员的行为,通常具有跟从群体的倾向。表现在购物消费方面,就是随波逐流的"从众心理",当有一些人说某商品好的时候,就会有很多人"跟风"前去购买,即使不怎么好,也会在心理上有所安慰,毕竟大家都在买,肯定差不了,上当也不是自己一个人。

"从众"是一种比较普遍的社会心理和行为现象。也就是人们常说的"人云亦云""随波逐流"。大家都这么认为,我也就这么认为;大家都这么做,我也就跟着这么做。从众心理在消费过程中,也是十分常见的。因为好多人都喜欢凑热闹,当看到别人成群结队、争先恐后地抢购某商品的时候,也会毫不犹豫地加入抢购大军中去。

这种心理当然也给销售人员推销自己的商品带来了便利。销售人员可以吸引客户的围观,制造热闹的行情,以引来更多客户的参与,从而制造更多的购买机会。例如,销售人员经常会对客户说,"很多人都买了这一款产品,反响很不错""小区很多像您这样年纪的大妈都在使用我们的产品",这样的言辞就巧妙地运用了客户的从众心理,使客户心理上得到一种依靠和安全保障。

即使销售人员不说,有的客户也会在销售人员介绍商品时主动问道:"都有谁买了你们的产品?"意思就是说,都有谁买了你的商品,如果有很多人用,我就考虑考虑。这也是一种从众心理。

利用客户随波逐流的心理又称为"推销的排队技巧"。比如,某商场入口处排了一条很长的队伍,从商场经过的人就很容易加入排队的队伍中。因为人们看到此类场景时,第一个念头就是:那么多人围着一种商品,一定有利可图,所以我不能错失机会。这样一来,排队的人就会越来越多。但事实上,这些人中真正有明确购

第三辑 运筹帷幄，洞悉客户消费心理

买意图的没有几个，人们不过是在相互影响，其他购买的人总比销售人员可信。既然客户有这种心理，销售人员在进行销售时，就应该利用客户的从众心理来营造营销氛围，影响人群中的敏感者接受产品，从而达到整个人群都接受产品的目的。

日本有位著名的企业家，名叫多川博，他因为成功地经营婴儿专用尿布，使公司的年销售额高达 70 亿日元，并以 20％速度递增的辉煌成绩而一跃成为世界闻名的"尿布大王"。

在多川博创业之初，他创办的是一个生产销售雨衣、游泳帽、防雨斗篷、卫生带、尿布等日用橡胶制品的综合性企业。但是由于公司泛泛经营，没有特色，销量很不稳定，曾一度面临倒闭的困境。在一个偶然的机会，多川博从一份人口普查表中发现，日本每年出生约 250 万婴儿，如果每个婴儿用两条尿布，一年就需要 500 万条。于是，他们决定放弃尿布以外的产品，实行尿布专业化生产。

尿布生产出来了，而且是采用新科技、新材料，质量上乘；公司花了大量的精力去宣传产品的优点，希望引起市场的轰动。但是在试卖之初，基本上无人问津，生意十分冷清，几乎到了无法继续经营的地步。多川博先生万分焦急，经过苦思冥想，他终于想出了一个好办法。他让自己的员工假扮成客户，排成长队来购买自己的尿布，一时间，公司店面门庭若市，几排长长的队伍引起了行人的好奇："这里在卖什么？""什么商品这么畅销，吸引这么多人？"如此，也就营造了一种尿布旺销的热闹氛围，于是吸引了很多"从众型"的买主。随着产品不断销售，人们逐步认可了这种尿布，买尿布的人越来越多。后来，多川博公司生产的尿布还出口他国，在世界各地都畅销开来。

尿布的畅销就是利用客户的从众心理打开市场的，但是前提是尿布的质量好，在被客户购买后得到了认可。因此销售最终还是要以质量赢得客户的，而利用其心理效应只是一个吸引客户的手段。

实际上，客户在消费过程中的从众心理有很多的表现形式，而威望效应就是其中一种。例如，现在很多公司、商家的产品都会花高价请明星来代言产品、做广告，以引起客户的注意和购买欲。一般来说，当一个人没有主张或者判断力不强的时候，就会依附于别人的意见，特别是一些有威望、有权威的人物的意见。

我们都见过在大街上发产品宣传单的情景，仔细观察你就会发现，某人在发传单，如果有一群人从他身边经过，只要一个人不要他的宣传单，那么其他的人都不会要。只要一个人接了他的宣传单，其他人就是你不给他，他也会主动要。在柜台促销中也会遇到这样的情况，如果有一个人买，围观的人大都会买；如果没人买，大家就都不会买。造成这种状况的根本原因就是客户的从众心理，人们在许多情况下，都会看众人的行动而行动。

当然，利用客户这种心理的确可以提高推销成功的概率，但是也要注意讲究职业道德，不能靠拉帮结伙欺骗客户，否则会适得其反。

☙ 人人都想享 VIP 待遇 ❧

"Very Important Person"译成中文就是"高级会员、贵宾"，缩写为"VIP"。这是一些商家鉴于竞争激烈，而想出的经营手段。凡是成为某个商家 VIP 会员的人，就可以享受到一些特有的优惠或者折扣，VIP 会员还有消费返利、联谊活动、免费停车等特殊权利。不仅如此，有时人们办一张 VIP 会员卡为的不是得到更多的实惠，而是一旦成为哪个商家的 VIP 会员，会觉得自己特别有面子，可以说 VIP 已经成为一种身份和地位的象征。

所以每个人都愿意听到赞美自己的话，喜欢得到别人的恭维，即使那些平时说讨厌被恭维的人，其实内心也是喜欢听恭维话的。

杜小姐经常去一家商务会馆消费，于是，会馆的经理向杜小姐

第三辑 运筹帷幄，洞悉客户消费心理

推荐了 VIP 会员卡的项目。杜小姐考虑了一下，觉得比较划算，就马上办理了一张会员卡。

一次，杜小姐请几个客户在那家会馆吃饭，吃完后杜小姐去前台结账，她出示了自己的会员卡，服务员接过去一看，是老板签字的会员卡，立刻满面笑容，不仅酒水按 7 折算，海鲜也打了 8 折，这让她省了不少钱，而且后来经理还亲自送来一盘水果布丁，说是算自己请客，希望他们下次光临。这让杜小姐觉得自己在客户面前很有面子。

人人都有虚荣心，有人说，你有 VIP 卡，就说明你有消费能力，你是贵人。谁不想成为贵人呢？现在越来越多的商家为客户办理 VIP 卡，用打折、积分和优惠等活动来吸引客户消费，同时给予客户实惠。VIP 卡的形式已经从商场扩展到各种各样的小商户，其种类也是各式各样。据调查，23％持有 VIP 卡的人在办理的时候都是为了满足虚荣心，26％的人是因为商家推销而办理的，还有 15％的人是抱着"别人有我不能没有"的心态办理 VIP 卡的。这个调查说明，你的客户都想要得到 VIP 待遇，而推销成功与否，要看你怎样应对客户的这种心理。小人物更是有这种强烈的心理需求。

有一名销售人员，专门推销办公用品。一次，他去一家私营公司推销办公桌椅。进了经理室，见该公司总经理、后勤主管等领导都在，旁边还有一位正在打扫卫生的老伯。

于是，他娴熟地介绍了产品的样式、质量和价格，很快就使老总有了购买意向，并告诉他如果产品情况属实，便可以签订 2 万元的购货合同。眼看推销成功了，销售人员打心眼儿里高兴，他一边答应过几天送货质检，一边忙从口袋里摸出一包"555"牌香烟，给在场的领导们点上后，说了些客气话，便告辞了。

然而，当销售人员再来该公司联系送货业务时，后勤主管却告诉他，公司不打算要这批产品了。他问是什么原因导致公司改变

销售心理学

了主意。对方直截了当地说:"老总的岳父嫌你的价格过高,劝老总买别人的。""老总的岳父怎么知道我的货价高呢?""他岳父就是那个扫地的老头!你的话他都听着了。"后勤主管看了一眼还没有明白过来的这位销售人员,说:"谁让你小看人,少发一支烟呢?他说你这人眼皮往上挑,不实在……你说为了这点事,我们老总能得罪老岳父吗?"

正所谓客户就是"上帝",作为"上帝",他们当然希望你能给他们关怀和实惠。不要只把"上帝"放在嘴边,即使是表面上的功夫,也不要表现得太虚,仅仅在过年过节时给予一些关怀的信息是远远不能满足他们的需求的,你要适当地送给"上帝"一些实惠才行。

客户都有怕上当受骗的心理

在销售的过程中存在着这么一个问题,即客户对销售人员大多存有一种不信任的心理,他们认为从销售人员那里所获得的有关商品的各种信息,往往不同程度地包含着一些虚假的成分,甚至还会存在有一些欺诈的行为。于是,就有很多客户在与销售人员交谈的过程当中,认为销售人员的话可听可不听,往往不太在意,甚至抱着逆反的心理与销售人员进行争辩。

所以,在销售的过程中怎样迅速有效地消除顾客的顾虑,对销售人员来说是十分必要的。因为聪明的销售人员都知道,如果不能够从根本上消除客户的顾虑,交易就很难成功。

客户之所以会产生顾虑,很可能是因为在他们以往的生活经历中,曾经遭遇过欺骗,或者买来的商品不能满足他们的期望。也可能是从新闻媒体上看到过一些有关客户利益受到损害的案例。所以,他们往往对销售人员心存芥蒂,尤其是一些上门推销的销售人员,在他们的心里更是不受欢迎的人。

一位金牌销售人员曾说过:作为销售人员,你不是要打动客户

第三辑　运筹帷幄，洞悉客户消费心理

的脑袋，而是要打动客户的心。因为心是离客户钱包最近的地方，是客户的感情，脑袋则是客户的理智，也就是说合格的销售人员要通过打动客户的感情，让客户产生购买的想法。

的确，现在社会上的骗子很多，许多人深受其害，而骗子的行骗方法可能会仿效销售人员的推销方式，客户再看到销售人员时就很容易想起被骗的痛苦经历，所以他们认为销售人员几乎都是骗子，于是在潜意识中有些排斥销售人员。

客户没有时间和精力去辨别销售人员的真伪，所以很容易把所有的销售人员"一棍子打死"，认为凡是搞推销的人都是骗子，遇到销售人员就躲着走，怕自己被骗。

一家影楼的Y女士说："许多客户来了走，走了又来，然后甩下话'你给我降价我就在你这儿拍！'我们这个行业是怎么了？如果客户去的是一家饭店，恐怕他绝对不会说'你给我降多少钱我就在你这里吃，否则我就去另一家了'，如果真有人这么说，别人肯定会笑他是从外星球来的，但在我们这里，不讨价的人反而像从外星球来的……"

其实说到底，客户还价还是因为怕被骗，因为影楼给客户的印象是暴利行业，即使你报出底价，客户也会认为其中还有很大的水分。

让客户产生这种心理的原因在于促销做得有些过头，比如原价1万元的产品，没几天就优惠到2000元，或者随便找个理由就打个8折。此时客户就会想：一定是产品本来就值几百块，不然怎么会降这么多？看来他们平时赚了客户不少钱，我一定不能被骗。客户一旦产生了这种心理，就会产生你的价格越低，他反而越怀疑的现象。

客户要的是质量好的产品，同时还要感觉自己买得实惠。如果客户刚从你手上买了产品，到你的竞争对手那里一看，你卖给他的东西只要一半的价格就可以买到，你从此就成了反面教材。

许多客户都怕被骗,面对销售人员,他们表现得很谨慎,浑身上下都充满警惕,就怕掉进销售人员的"陷阱"。对待这种客户,销售人员不要急于求成,你说得越多,客户反而越怀疑,曾经被骗的经历会让他们对眼前的你产生不信任的感觉。你一定要找出他无法接受你推销的产品的真正原因,想办法消除客户的心理障碍,让自己成为客户的朋友,这样客户才会和你合作。

通常,客户怕被骗的心理会让你们的沟通产生障碍,但同时也会给你带来机会。这种客户常常是想买产品,但是他们总希望你能把价格降了再降,所以会找同类商品如何优惠的说辞来刺激你,你在与客户交谈时要让客户了解,任何一种商品都不可能在各方面占优势,你要重点告诉客户他买你的产品能获得什么好处,以此来满足客户的需求和减轻他担心买贵的顾虑。如果有什么优惠活动,也要提前通知客户,把利益的重点放在客户身上,让客户觉得自己获利而不是被骗了。

还有一部分客户是担心商品的质量或功能,对商品没有足够的信心。此时,你不妨直接对客户说出产品的缺点,这比客户自己提出来要好得多。

首先,客户会对你产生信任感,觉得你没有隐瞒产品的缺点,是个诚实的人,这样他就愿意与你进一步交流。

其次,客户会觉得你很了解他,把他想问而未问的话回答了,他的疑虑就会减少。

最后,销售人员主动说出商品的缺点,可以避免和客户发生争论,而且能使你和客户的关系由消极的防御式变成积极的进攻式,从而促成交易。

销售人员在销售的过程当中,要尽自己最大的能力来消除客户的顾虑心理,使他们觉得自己所购买的商品物有所值。首先需要做的就是向客户保证,他们决定购买的动机是非常明智的,而且钱也会花得很值;而且,购买你的产品是他们在价值、利益等方面做出的最好选择。

在销售过程当中,顾客心存顾虑是一个共性问题,如不能正确解决,将会给销售工作带来很大的阻力。所以销售人员一定要努力打破这种被动的局面,善于接受并巧妙地去化解客户的顾虑,使客户放心地去买自己想要的商品。顾虑是心与心之间的一条鸿沟,填平它,销售人员才能到达成功交易的彼岸。

价格对客户的影响

在商品推销中,价格是一个非常敏感的因素,合理的价格能够让顾客顺利地接受你所推销的产品。当然,在现阶段的市场经济条件下,将价格固定不变也是不可能做到的,因此应当在销售过程当中预留出适当的价位变化的空间,以便销售人员和客户谈判。

有一对颇有名望的外商夫妇,在我国一家商店选购首饰时,对一只8万元的翡翠戒指很感兴趣,但因价格昂贵犹豫不决。这时,善于察言观色的售货员介绍说,某国总统夫人来店时也曾看过这只戒指,而且也非常欢喜,但由于价钱太贵,没有买。这对夫妇听完后,为了证明他们比那位总统夫人更有钱,就毅然买下了那只戒指。

由于这位售货员经验丰富,对顾客的购买心理动机和购买行为特点,揣度及时准确,寥寥数语,切中要害,迅速有效地促成了交易。

虽然多数顾客都想选择价格便宜的商品,但是消费水平的提高和消费心理的变化,使销售者的方针必须及时地实现从"优质低价"向"受顾客支持的价格"转变。

近年来,在发达国家的市场上,消费者的购物行为出现了高级化的趋向,越是品质好、价格高的产品销得越快。例如老牌子的"利维"牌牛仔裤每条售价是15美元。扬宾尼公司为了向利维

销售心理学

斯特劳斯公司挑战,每条定价30美元,同时辅以成功的广告宣传,提高了该公司产品的声誉。这样,高价牛仔裤以高档商品的形象出现,反而比低价牛仔裤更受到顾客的欢迎。1983年利维·斯特劳斯公司的总经理失声惊呼:"扬宾尼买走了美国大半个牛仔裤市场。"

我国零售商品定价,多数也是采取类似的非整数定价原则,来适应价格对消费者心理的影响。

总之,价格强烈影响着产品在销售市场上的地位,影响卖方的形象,也影响竞争对手的行为,它对购买者的消费心理和购买行为有重大作用。因此,定价必须采取灵活而慎重的态度。

客户都有占便宜的心理

推销人群中流传着这样一句话:客户要的不是便宜,而是要感到占了便宜。客户有了占便宜的感觉,就容易接受你推销的产品。

客户占便宜的心理给了商家可乘之机。如一些女士在购物买衣服的时候,常常用对方不降价自己就不买来"威胁"商家,于是商家最终妥协了,告诉女士"就要下班了,我不赚钱卖你了""我这是清仓的价钱给你的,你可不要和朋友说是这个价钱买的""今天你是第一单,算是我图个吉利吧",于是这位女士自以为独享这种低价的优惠满意而归。此种情况并不少见,精明的商家总能找出借口卖出东西并让客户觉得占了便宜。由此可以看出,大多数客户不喜欢对产品的真实价钱仔细研究,而是想买些更便宜的物品。

销售人员怎么做才能让客户觉得占了便宜呢?你可以去看看商场中最畅销的产品,它们通常不是知名度最高的名牌,也不是价格最低的商品,而是那些促销"周周变、天天有"的商品。促销的本质就是让客户有一种占便宜的感觉。一旦某种以前很贵的商品开始促销,人们就觉得买了实惠。

第三辑 运筹帷幄,洞悉客户消费心理

虽然每个客户都有占便宜的心理,但是又都有一种"无功不受禄"的心理,所以精明的销售人员总是能利用人们的这两种心理,在未做生意或者生意刚刚开始的时候拉拢一下客户,送客户一些精致的礼物或请客户吃顿饭,以此来提高双方合作的可能性。

贪图便宜是人们常见的一种心理倾向,我们在日常生活中经常会遇到这样的现象。例如,某某超市打折了,某某厂家促销了,某某商店甩卖了,人们只要一听到这样的消息,就会争先恐后地向这些地方聚集,以便买到便宜的东西。

物美价廉永远是大多数客户追求的目标,很少听见有人说"我就是喜欢花多倍的钱买同样的东西",人们总是希望用最少的钱买最好的东西。这就是人们占便宜心理的一种生动的表现。

我们说占便宜也是一种心理满足。客户会因为用比以往便宜很多的价钱购买到同样的产品而感到开心和愉快。销售人员其实最应该懂得客户的这一心理,用价格上的差异来吸引客户。

有这样一个故事,古时候有一个卖衣服和布匹的店铺,铺里有一件珍贵的貂皮大衣,因为价格太高,一直卖不出去。后来店里来了一个新伙计,他说他能够在一天之内把这件貂皮大衣卖出去,掌柜不信,因为衣服在店里挂了一两个月,人们只是问问价钱就摇摇头走了,怎么可能在一天时间里卖出去呢?

但是伙计要求掌柜的要配合他的安排,他要求不管谁问这件貂皮大衣卖多少钱的时候,一定要说是五百两银子,而其实它的原价只有三百两银子。

两人商量好以后,伙计在前面打点,掌柜的在后堂算账,一上午基本没有什么人来。下午的时候店里进来一位妇人,在店里转了一圈后,看好了那件卖不出去的貂皮大衣,她问伙计:"这衣服多少钱啊?"

伙计假装没有听见,只顾忙自己的,妇人加大嗓门又问了一遍,伙计才反应过来。

他对妇人说:"不好意思,我是新来的,耳朵有点不好使,这件衣服的价钱我也不知道,我先问一下掌柜的。"

说完就冲着后堂大喊:"掌柜的,那件貂皮大衣多少钱?"

掌柜的回答说:"五百两!"

"多少钱?"伙计又问了一遍。

"五百两!"

声音很大。妇人听得真真切切,心里觉得太贵,不准备买了。

而这时伙计憨厚地对妇人说:"掌柜的说三百两!"

妇人一听顿时欣喜异常,认为肯定是小伙计听错了,自己少花二百两银子就能买到这件衣服,于是心花怒放,又害怕掌柜的出来就不卖给她了,于是付过钱以后匆匆地离开了。

就这样,伙计很轻松地把滞销了很久的貂皮大衣按照原价卖出去了。

店伙计就是利用了妇人的占便宜的心理,成功地把衣服卖了出去。销售人员在推销自己产品的时候,可以利用客户占便宜的心理,使用价格的悬殊对比来促进销售。其实在很多世界顶尖的销售人员的成功法则中,利用价格的悬殊对比来俘获客户的心是常用的一种方法。

优惠是推动销售最有效的方法之一,所以优惠政策就是你抓住客户心理的一种推销方式。大多数客户都只看你给出的优惠是多少,然后和你的竞争对手做比较,如果你没有让客户觉得得到优惠,客户可能就会离你而去。所以你不仅要注重商品的质量,还要注意满足客户这种想要优惠的心理需求。

但是,优惠不过是一种手段,说到底是用一些小利益换来大客户,你还是有赚头的,不然商场里也不可能经常有"买就送""大酬宾"等活动。当然,在优惠的同时,你还要传达给客户一种信息:优惠并不是天天有,你很走运。这样,客户的心里才会更满足,他们才会更愿意与你合作。

即使你推销的产品在某方面有些不足,你也可以通过某些优惠让他们满意而归。如果客户对你的产品提出意见,你千万不要直接否定客户,要正视产品的缺点,然后用产品的优点来弥补这个缺点,这样客户就会觉得心理平衡,同时加快自己的购买速度。比如客户说:"你的产品质量不好。"作为销售人员的你可以这样告诉客户:"产品确实有点小问题,所以我们才优惠处理。不过虽然是有问题,但我们可以确保产品不会影响使用效果,而且以这个价格买这种产品很实惠。"这样一来,你的保证和产品的价格优势就会促使客户产生购买欲望。

利用价格的悬殊差距来进行推销确实会起到很好的效果,但是却多少有些欺骗客户的感觉,客户得知真相以后,也会感到很气愤,因此在使用上一定要注意方式和分寸,既要满足客户的心理,又要确保让客户实实在在得到实惠,这样才能够保持和客户长久的关系,实现互惠互利。

你不卖,客户偏要买的逆反心理

在消费行为过程中,我们也经常能够发现这样的情形,销售人员越是苦口婆心地把某商品推荐给客户,客户就越会拒绝。

是什么因素导致客户产生逆反心理的呢?例如,当客户对于某商品特别感兴趣的时候,想要摸摸质地,而这时销售人员过来说:"不好意思,我们的样品是禁止触摸的!"这时客户的心里立刻会变得反感:有什么好的,不摸就不摸!于是扭头就离开了。这就是客户对商品的强烈的好奇心受到了阻碍,而导致客户的心理逆反。

还有,当客户的心理需要得不到满足的时候,反而会更加刺激他强烈的需要,比如,人们往往对于自己越是得不到的东西,越想得到;越是不能接触的东西,越想接触;越是不让知道的事情,越想

知道。

再有一点容易引起客户逆反心理的原因是对立情绪,因为客户一般都会对登门推销的销售人员抱有警戒心理,本能地对其不信任,这样的话,销售人员把自己的产品说得越好,客户越觉得是假的;销售人员越是热情,客户越是觉得他虚情假意,只是为了骗自己的钱而已。

例如,在实际销售中,很多销售人员往往为了尽快签单,而一味穷追猛打,以为通过密集轰炸就可以把客户搞定,但是这样很有可能会起到相反的效果,令客户产生逆反心理:因为在与客户初次接触的时候,客户常常怀有戒备之心,如果此时只是一味强调己方的产品如何如何好,如何如何实用,客户反而会更加警惕,因为害怕受骗而拒绝接受。

客户的逆反心理在具体消费过程中会有以下几种表现形式:

1. 反驳。客户往往会故意针对销售人员的说辞提出反对意见,让销售人员知难而退。

2. 不发表意见。在销售人员苦口婆心地介绍和说服的过程中,客户始终保持缄默,态度也很冷淡,不发表任何意见。

3. 高人一等的作风。不管销售人员说什么,客户都会以一句台词应对,那就是"我知道",意思是说,我什么都知道,你不用再介绍。

4. 断然拒绝。在销售人员向客户推荐时,客户会坚决地说:"这件商品不适合我,我不喜欢。"

很多销售人员不懂得客户的逆反心理,在销售过程中,总是片面地、滔滔不绝地介绍产品,而不顾客户的感受,结果只能是一次又一次地遭受到客户的拒绝。

爱德华先生的私家车已经用了很多年,经常发生故障,他决定换一辆新车,这一消息被某汽车销售公司得知,于是很多的销售人员都来向他推销轿车。

第三辑 运筹帷幄,洞悉客户消费心理

每一个销售人员来到爱德华先生这里,都详细介绍自己公司的轿车性能多么的好,多么的适合他这样的公司老板使用,甚至还嘲笑说:"你的那台老车已经破烂不堪,不能再使用了,否则有失你的身份。"这样的话无疑让爱德华先生心里特别反感和不悦。

销售人员的不断登门,让爱德华先生感到十分烦躁,同时也增加了他的防御心理,他心想:哼,这群家伙只是为了推销他们的汽车,还说些不堪入耳的话,我就是不买,我才不会上当受骗呢!

不久,又有一名汽车销售人员登门造访,爱德华先生心想,不管他怎么说,我也不买他的车,坚决不上当。可是这位销售人员只是对爱德华先生说:"我看您的这部老车还不错,起码还能再用上一年半载的,现在就换未免有点可惜,我看还是过一阵子再说吧!"说完给爱德华先生留了一张名片就主动离开了。

这位销售人员的言行和爱德华先生所想象的完全不同,而自己之前的心理防御也一下子失去了意义,因此其逆反心理也逐渐地消失了。他还是觉得应该给自己换一辆新车。于是,一周以后,爱德华先生拨通了那位销售人员的电话,并向他订购了一辆新车。

逆反心理既会导致客户拒绝购买你的产品,相反也会促使其主动购买你的产品。例子中的销售人员就是从相反的思维方式出发,消除客户对销售人员的逆反心理,从而使他主动购买自己的产品。

逆反心理支持人们的一种与常规相反的意识和行动,当销售人员拒绝客户购买某产品时,客户反倒非要买来用用,结果是客户自己说服了自己。

因此,销售人员在向客户推销产品的时候,一方面要避免引起客户的逆反心理驱使其拒绝购买自己的产品;另一方面,还要学会刺激客户的逆反心理,引发客户的好奇心,让客户产生强烈的购买欲望,你不卖他就会非要买。从而从正、反两方面来调动客户的积极性,使自己的销售工作获得成功。

销售心理学

☙ 按照顾客的性格进行沟通 ❧

许多营销人员把"你希望别人怎样待你,你就怎样对待别人"视为推销的黄金准则。但问题是,业务员的性格和处事方式并非与客户完全一样,业务员按照自己喜欢的方式对待客户,有时会令客户不愉快,从而给成功投上阴影。业务员按照客户喜欢的方式对待客户,就会赢得客户的喜欢。

营销人员在面对一位潜在客户时,必须清楚地了解自己和客户的行为方式是什么。营销人员要学会用客户希望的方式与之交往,要学会用人们希望的方式向他们出售,要学会调整自己的行为、时机选择、信息、陈述以至于要求成交的方式,以便使自己的行为适合于对方。所以,在沟通过程中就要求营销人员及时分析客户的性格以便适应。

为了更形象地在电话中判断对方的性格,我们将人的性格特征和行为方式按照行事的节奏和社交能力,分为四种类型:

一、老鹰型的性格特征

老鹰型的人做事爽快,决策果断,以事实和任务为中心,他们给人的印象是不善于与人打交道。这种人常常被认为是强权派人物,喜欢支配人和下命令。他们的时间观念很强,讲求高效率,喜欢直入主题,不愿意花时间同人闲聊,讨厌自己的时间被浪费。所以,在电话中同这一类型的客户长时间交谈有一定难度,他们会对事情主动提出自己的看法。

由于他们追求的是高效率,他们时间观念很强,所以,他们考虑的是他们的时间花得值;他们会想尽办法成为领先的人,向往第一,往往是领袖级人物或总想象自己是领袖级人物;对他们来说,浪费时间和被别人指派做工作,都将是难以接受的。

二、猫头鹰型的性格特征

这类人做事缓慢。他们在电话交流中音量小而且往往处于被动的一方,不太配合通话方的工作。如果对方表现得很热情的话,他们往往会难以接受。

他们喜欢在一种自己可以控制的环境下工作,习惯毫无创新的工作方式。他们需要与人建立信任的关系。个人关系、感情、信任、合作对他们很重要。他们喜欢团体活动,希望能参与一些团体,而在这些团体中发挥作用将是他们的梦想。另外,他们不喜欢冒险。

三、鸽子型的性格特征

该类人友好,做起事来不急不躁,讲话速度往往适中,音量也不大,音调会有些变化。他们是很好的倾听者。他们需要与人建立信任关系。他们喜欢按程序做事,且以稳妥为重,即使要改革,也是稳中求进。他们往往多疑,安全感不强,在与人发生冲突时会主动让步,在遇到压力时,会趋于附和。

四、孔雀型的性格特征

孔雀型的人基本上做事爽快,决策果断。但与老鹰型的人不同的是,他们与人沟通的能力特别强,通常以人为中心,而非以任务为中心。如果一群人坐在一起,孔雀型的人很容易成为交谈的核心,他们很健谈,通常具有丰富的面部表情。他们喜欢在一种友好的环境下与人交流。社会关系对他们来讲很重要。他们给人的印象是平易近人、朴实。

孔雀型的人做决策时往往不关注细节,凭感觉做决策,而且速度很快,研究表明,三次的接触就可以使他们下决心。同时,他们也喜欢有新意的东西。

在电话中,由于我们看不到对方,所以,我们只能依靠对方的声音来进行判断。但由于我们第一次与客户在电话中交流,可能对客户的做事方式了解得还不够,所以,声音要素就成了我们在第

销售心理学

一时间判断客户性格特征的重要依据。

对方讲话的速度是快还是慢？声音是大还是小？一般来说，老鹰型的人和孔雀型的人讲话声音会大些，速度会快些，而鸽子型和猫头鹰型的人则相反。所以，通过对方讲话的速度和音量可以判断他是属于老鹰型和孔雀型的人，还是鸽子型和猫头鹰型的人。

对方是热情还是有些冷淡？对方在讲电话时是面无表情，还是眉飞色舞（即使我们看不到对方，但相信通过声音，我们还是可以判断出这一点）？对方是否友好？一般来说，老鹰型和猫头鹰型的人，在电话中会让人觉得有些冷淡，不轻易表示热情，销售人员可能会觉得较难打交道；而孔雀型的人和鸽子型的人则是属于友好、热情的。

我们现在已经基本可以通过电话来识别客户的性格特征，接下来我们如何去适应客户呢？答案就是尽可能地配合客户的性格特征，然后再影响他。举例来说，如果客户的讲话声音很大，我们也要相应提高自己的音量；如果客户讲话很快，我们也要相应提高语速。然后，我们再慢慢恢复到正常的讲话方式，并影响客户也将音量放低或放慢语速。

任何一种客户性格都要在我们进行分析后才会得出结论，分析来源于资料，资料来源于聆听。不同的客户往往具有不同的行为方式和性格特征，这就要求销售人员能在电话中适应客户的性格，并给客户一种自己同他是同一类人的感觉，这无疑对销售有极大的帮助。

☙ 学会与不同的客户做生意 ❧

在生意场上，总会接触到各种各样的客户，他们的素质、风格和处事的方式肯定是不一样的。面对这种情况，你就要学会运用多种方法去应对，一般情况下，这些客户大致可分为以下几类人，因而应对的方法也要因人而异。

一、对待精明的客户

这类客户大多数是生意场上的老手,特别不好对付。如果你不答应他的条件,他就会说"我要走了"这样的话,对你施加压力。他认为这样施加压力后,你就会答应他的苛刻条件。

对于这类客户不能太让步。因为你越让步,他就会抓住你的弱点,使你吃大亏。此时,你只能据理相争,但也要给他一个台阶,既应当有礼貌,又不放他走,这就需要用话把他说服。

可以对他说:"先生,要走了,明天来了别后悔呀,到明天,或许价格就涨了呢,您没看见这几天货是一天比一天价格高吗?再说我这商品又不错,您也喜欢,何必走呢?来,咱们好好商谈一下,怎么样?"

二、对待没有主见的客户

通常这类客户做什么事都没主见,总是依赖别人,依赖他所信任的人。他们总是把自己当作一个小孩看待,每做一件事,都要和家里人商量,和他所熟悉的人、信任的人商量。有时这类人爱凑热闹。

由于这种人没有主见,总希望与一个有主见的,且可信任的人商谈,给他们一些意见,然后他们才去做某件事。

根据这一点,你可先和他们聊天,也就是先取得他们的信任,最后再询问他们"要不要"。这样就为后面埋下了"信任"的伏笔。

由于你对于这类客户来说是有主见的、可信任的人,他就会听从于你的意见,这样就有可能成交了。

可以这样对客户说:"先生,这些商品就在您的眼前,您又觉得很满意,为什么要和别人商量呢?难道还有人比您更加清楚我的商品,以我之见,您就开个订货单吧!您觉得怎么样?"

三、对待沉默寡言的客户

有的客户话比较少,总是问一句说一句,这不要紧,即使对方

反应迟钝也没什么关系，对这种人该说什么最好就说什么。这种不太随和的人说话也是有一句是一句，所以反而更容易成为那种忠实的顾客。

四、对待知识渊博的客户

知识渊博的人是最容易面对的客户。面对这种客户要多注意聆听对方说话，这样可以吸收各种有用的知识及资料。同时，还应给予自然真诚的赞许。这种人往往宽宏、明智，要说服他们只要抓住要点，不需要太多的话，也不需要用太多的心思，仅凭此能够达成交易，当然是理想不过了。

五、对待爱讨价还价的客户

这种人往往为他们讨价还价而自鸣得意，所以对这种人有必要满足一下他的自尊心，在口头上可以做一点儿适当的小小的妥协，比如可以这样对他说"我可是从来没有以这么低的价钱卖过的啊"或者"没有办法啊，碰上你，只好便宜卖了"。这样使他觉得比较便宜，又证明了他砍价的本事，他是乐于接受的。

六、对待疑心重的客户

这种人容易猜疑，容易对他人的说法产生逆反心理。说服这种人的关键在于让他了解你的诚意或者让他感到你对他所提的疑问的重视，比如："您的问题真是切中要害，我也有过这种想法，不过要很好地解决这个问题，我们还得多多交换意见。"

帮摇摆不定的客户决策

假设你想买一件衬衫，到百货公司或专卖店选购。在你还未决定到底要买哪种颜色、样式、风格的衬衫时，必定会犹豫不决地在卖场里来回挑选，此时，店员便会走上前来为你服务。

"请问您需要哪种颜色的衬衫？"

"嗯，深蓝色的。"

"深蓝色的吗?这件您觉得如何?"

"嗯。花格子衬衫看起来似乎年轻了点儿,不符合我的年纪。"

"不会啦,您穿起来休闲又帅气,而且款式新颖,又很合您的身材,和您再相配不过了,老实说真是物超所值哩!您还考虑什么呢?"

"噢,是吗?嗯,好吧,就买这件。"

像这类客户和店员间的对话,在日常生活中屡见不鲜,或许你也曾有过类似的经验。只要认真分析一下,你就会发现其中的奥妙。

其实客户在进入商店之前,往往只是单纯想买件衬衫,对于样式并没有任何概念。而店员在观察到他犹豫不决的神态后,脑海中便飞快地拟出一套推销策略,并随手拿起一件放在面前的衣服,告诉客户这衬衫"款式新颖""很合您的身材"之类的话,让客户不知不觉产生一股"想要买下来"的冲动。

正因为客户在踏进这家店之前,心中还弄不清楚自己究竟想要买哪种样式的衬衫,所以在听完店员一席话之后,便以为自己心目中理想的衬衫就是眼前这一件,于是痛痛快快地买下,而店员也因此成功说服客户成交了一笔生意。

第四辑

有效沟通,掌握说话与倾听艺术

　　语言作为人们相互传达信息的一种媒介,会让人们的心理产生不同的反应。所以,销售人员在平时的销售过程中,应该注重语言的学习和积累,让自己在不同的场合,面对不同的顾客时,能够运用得体、恰当的语言来准确地传递信息、表情达意,以便于达到最佳的表达效果。

第四辑　有效沟通,掌握说话与倾听艺术

怎样说话客户最爱听

我国早就有"妙语连珠""妙语惊人"等成语,无不说明了会说话的重要性。的确,对于人们来说,说话并不是一件很困难的事,但会说话却是一件不简单的事情。对于能言善辩者来说,即便是一无所有,依然可以取得成功。懂得说话攻心之术,不但让你在人生的竞技场上如虎添翼,而且也是一笔取之不尽的财富。

那么在销售过程中,销售人员要怎样说话客户才最喜欢听呢?要怎样说话才能实现成功推销呢?这就需要销售人员先弄清客户究竟喜欢听什么,不喜欢听什么。只有当明确了这一点之后,说话才能做到有针对性,张弛有度。

事实上,很多销售人员在销售产品的时候,总是在客户面前喋喋不休、滔滔不绝。其实,这样并不一定能收到好的效果。

在当今社会,虽然有不计其数的销售人员,但是其中真正会说话的人却不是很多。事实上,真正有好口才的销售人员并不一定要说得很多,却是明白将自己产品的特色完美地诠释成客户所需要的东西,明白投其所好。

那么,销售人员怎样才能做到让客户喜欢听你说话呢?

首先,销售人员要通过仔细观察,了解客户的真正需求。一般情况下,客户所关注的产品大都是他们感兴趣的。当你与客户所说的话并不是对方所关心的问题时,客户便不会再继续听下去。因此,销售人员在推销你的产品之前一定要先了解客户的具体需求,然后再进行有目的性的推销。

一天,销售人员小谢到经销商那里去推销冰箱,当他见到客户后说:"您好,非常感谢您能给我这个介绍产品的机会!"客户:"你好,欢迎你来。"双方相互寒暄后,小谢开始用他那伶牙俐齿的口才滔滔不绝地向客户介绍他的产品,他说现在大多数客户比较喜欢

111

颜色亮一点儿的冰箱,老旧的款式已经逐步被淘汰了。为了满足客户的需求,公司最近开发出了一系列的新款冰箱。这时小谢拿出产品展示说明书对客户说:"您看,这就是我们公司最新的一系列产品。颜色也很丰富,有红色、亮蓝、黄色、亮粉红色等。而且我们还免费为客户提供送货上门的服务,如果您现在就订购这一系列冰箱,我们两天之内就可以交货。速度很快吧?""那么……"还未等客户说完,小谢便打断客户的话继续说道:"我已经解说得很清楚了,您应该没有什么疑问了吧?"客户:"你说得是很清楚。我想年轻人会很喜欢你们的产品,可我的店是以经销传统性家用电器为主的,你知道吗?在这附近几乎住的都是一些上了年龄的退休老人,因此我的产品只针对比较年长、有固定收入的人群,产品的进货也以典雅、古朴、价钱合理的款式为主。"最后,销售人员小谢只能无奈地离开了。

由此可见,这位销售人员最终没能说服客户购买他的产品,就是因为他在介绍产品的时候并没有找到客户的真正需求,而只是在进行盲目的推销。很多销售人员在销售过程中,自以为依靠自己的口才就可以打动客户,然而,却不知道这样更容易失败。其实,销售人员谈的应该是客户关心且感兴趣的话题,并以客户喜欢的方式去介绍,最后才能打动客户的心,达到销售的目的。

其次,销售人员要先全面了解所推销产品的各项功能。作为销售人员只有充分了解产品的各项功能,才能结合客户的实际需求,从中找到相同的地方,然后再根据客户的需求进行有目的性的推销。

如一位来买冰箱的顾客对销售人员说:"我打算购买一台冰箱,想了解一下你们这个牌子的情况。"销售人员先向客户了解需求时问:"先生是自己用,还是一家人用?"客户:"就我们一家三人用,我想先看一下这款冰箱。"销售人员:"先生眼光真好,您看的这款冰箱是我们这里最畅销的一款。"客户:"我朋友用的就是这一款,听说还可以,你再给我详细说说它的功能吧。"于是销售人员仔细地讲解道:"这款冰箱冷冻容量为171升,冷藏双冻双开门……正适合您一家人使用。"

最后,销售人员要把握住客户真正关注的重点,并把话说得恰到好处。在销售过程中,由于不同顾客都有各自不同的需要,所以,销售人员在向客户讲解产品的时候,就没有必要全面而详细地从头到尾进行讲解,只需要将客户所关心的问题讲解清楚就可以了。因为在通常情况下,大多数顾客在对产品进行详细了解时,只会关注他关注、感兴趣的那一些问题,如品牌、价格、安全性、质量、售后服务等。如客户说:"这一款冰箱总体上还可以,但你们的售后服务是怎样的呢?"销售人员:"这位女士,对于售后服务这个方面,你完全可以放心,保修期为五年,并且终身免费为你服务。"所以,销售人员先根据顾客的实际需求来确定谈话重点,再对客户进行详细的说明讲解即可。

那么,销售人员如何才能通过短短几句的开场白来成功地吸引顾客呢?可以参照以下几种常用的表达方式。

一、提及顾客可能最关心的问题

如:"听您的朋友提起,您现在最头疼的是产品的废品率很高,通过调整后这个问题还是没有从根本上得到改善……"

二、谈谈双方都熟悉的第三方

如:"是您的朋友张女士介绍我与您联系的,说您近期想添置一批办公用品……"

三、赞美对方

如:"他们都说您是这方面的专家,所以也想和您交流一下……"当然赞美的话语要合情合理,否则只会让顾客产生反感。

四、在适当的时候,告诉顾客其竞争对手也曾与你有过合作

如:"我们刚刚和某某公司有过合作,他们认为……"当顾客听到竞争对手时,往往会变得很敏感,因而也就会把注意力集中到你

要讲的内容上。

五、在顾客认同这一观点的前提下，引起对方对某件事情的共鸣

如："很多人都认为当面拜访顾客是一种最有效的销售方式，不知道您是怎么看的……"这样能够引起对方的共鸣，有助于推销工作的顺利进行。

六、用数据来引起顾客的兴趣和注意力

如："通过增加这个设备，可以使贵公司的生产效率得到一半以上的提升。"

七、有时效的话语

如："我觉得这个优惠活动能为您节省很多话费，截止日期为本月底，所以我觉得应该让您知道这种情况……"这种时间的限制往往会让顾客产生紧迫而稀有的心理。

对于以上这几种常用的表达方式，销售人员在与顾客交谈的过程中，应该根据实际情况作相应的选择，同时也要用积极开朗的语气对顾客进行表达与问候。

善于倾听才能说出客户爱听的话

全球知名成功学家戴尔·卡耐基说："在生意场上，做一名好听众远比自己夸夸其谈有用得多。如果你对客户的话感兴趣，并且有急切想听下去的愿望，那么订单通常会不请自来。"

在销售过程中，销售人员与客户沟通的过程是一个双向互动的过程。对销售人员来说，他们需要通过话语向客户传递相关信息，以达到说服客户的目的，同时，销售人员也需要通过倾听来接收来自客户的信息。如果销售人员通过倾听从客户那里获得必要的信息，那么对达成销售将会起到事倍功半的效果。对于客户而言，他们不但需要通过销售人员的介绍来获取产品或服务的相关

第四辑 有效沟通,掌握说话与倾听艺术

信息,同时也需要通过接受销售人员的劝说来巩固购买信心以及表达自己的需求和意见。在有的时候,他们也需要通过倾诉来告诉销售人员自己遇到的烦恼和难题等。

可见,销售人员在与客户沟通的整个过程中,客户并不只是被动地接受劝说和聆听介绍,他们也要表达自己的意见和要求,也需要得到沟通。其实,对于销售人员来说,善于倾听客户讲话也是口才的体现。如果你想成为一位善于说话的人,那就应当先成为善于倾听别人讲话的人。在销售人员与客户交谈的过程中,虽然倾听客户谈话是一种很平常的行为,但是它最终会起到不可思议的效果。同时,销售人员也可以在倾听中获取更多的知识和智慧。所以说,销售人员想要说出客户爱听的话来,首先就要学会倾听对方说话。

倾听对于销售人员来说,在与客户交谈的过程中有哪些作用呢?

第一,可以让销售人员直接获取客户的相关信息。

大家都知道,在人与人之间的信息传递过程中,都会存在不同程度的信息损耗和失真,因为信息经历的传递环节越多,传递渠道越复杂,信息的损耗和失真程度就越大。

管理学专家汤姆·彼得斯和南希·奥斯汀在他们共同完成的书《追求完美》中说到了倾听的重要性,他们认为:"有效的倾听至少可以使销售人员直接从客户口中获得重要信息,而不必通过其他中间环节,这样就可以尽可能地免去事实在输送过程中被扭曲的风险。"

所以,信息经历的传递环节越少,传递的渠道越直接,人们获得的信息就越充分、越准确。因此,善于倾听的销售人员可以直接从客户的话语中获取相关的信息。

同时,也只有善于倾听对方说的话,才能更准确地理解对方的意思。下面这个小故事就是没能准确理解对方的意思而闹的笑

话。

一天,有一个工匠沿着乡村小路回家,在路上他看见一个农夫独自站在路边闷闷不乐地吸烟。工匠问道:"你有什么不高兴的事吗?"农夫叹了口气后,说:"家里烟囱有点倒烟。"工匠听后说:"这个问题应该不难解决,我帮你看看吧。"农夫还没来得及回答,工匠就走到农夫家门口,他一推门,就立刻听到一个女人的叫骂声:"你给我滚远点,不准再回来……"工匠这才恍然大悟,急忙退了出来,并自嘲道:"我家的烟囱有时也倒烟。"农夫说"家里的烟囱有点倒烟",是运用比喻委婉地自嘲被妻子的叫骂声呛得在家里待不下去了,然而工匠却没有听出来,竟然信以为真,还主动要求去帮忙解决,却迎来了农夫妻子的怒骂。

第二,可以体现销售人员对客户的尊重和关注。

当销售人员专注地倾听客户说话的时候,客户就能毫无保留地说出自己的观点和要求,这不但可以满足客户想要表达内心想法的需求,同时还可以让他们在倾诉和被倾听中获得尊重和关注。人人都希望能够得到别人的尊重与关注,所以销售人员的认真倾听就可以满足客户的这一心理需求。销售人员通过倾听,可以让客户感觉到自己非常重视他们的需求,并且也会努力满足。

世界知名成功学家戴尔·卡耐基就曾讲述过这样一个有趣的故事。

一次,他在一次宴会上认识了一位很有名的植物学家,由于他之前都没有与植物学家交谈的经历,所以就希望可以从中获取一些重要的知识。于是,在与植物学家交流的过程中,卡耐基总是仔细地听那位植物学家谈一些植物和园艺方面的事,不知不觉地就过了3个小时,而自己几乎没怎么说话,他只是告诉那位植物学家,他得到了最好的款待的同时也觉得受益匪浅,最后,他得到了植物学家的称赞和夸奖,说他极具魅力,与他聊得十分愉快,度过了一个美好的夜晚。事实上,卡耐基在几个小时内,几乎什么话也没有说，就成了对方眼里相谈甚欢的朋友，确实不可思议，却又合乎情理。对于植物学家而言，卡耐基把他当成了十分对胃口的话友；而对于卡耐基来说，自己只不过是一位忠实的听众，并不断地鼓励对方继续说下去而已。因此，一个善于倾听的人会让对方更好地实现自身的价值，从而就能够让对方畅所欲言地吐露心声。

同时，汤姆·彼得斯和南希·奥斯汀两位管理学专家也认为，倾听还可以使被倾听者产生被关注、被尊重的感觉，他们会因此而更加积极地投入到整个沟通过程当中。

第三，销售人员可以为自己创造和寻找达成销售的时机。

对于销售人员来说，倾听并不是单纯地用耳朵听，而是为了促成销售而倾听。在这个倾听的过程中，销售人员可以通过客户传达出的相关信息判断客户的真正需求和关注点，然后，销售人员才能有针对性地寻找解决的方法，从而让客户满足，实现最终的销售。相反，如果销售人员对客户提出的相关信息充耳不闻或者理解得不透彻，那么就不可能利用听到的重要信息来抓住成交的最佳时机。

同时，销售人员在倾听的过程中，还要善于对听到的信息进行分析，以获取对自己有用的信息。

在销售过程中，销售人员可以通过倾听了解客户，从而用对方喜欢的语气和表达方式来与其进行交流；同时倾听还可以拉近你们之间的距离，从而达到说服对方促成销售的目的。因此，销售人员要想说出客户爱听的话来，首先就要学会善于倾听别人说话。

说到顾客心里去

有人曾说："说话是一种艺术，也是一种技巧，我们必须清楚这种巧妙的方法，然后才能获得认同。当众说话的时候要观察听众，分析听众的反应，不可唯我独尊。坦白率直，细心谨慎，因为我们

谈话的目的是说明一些事情，使人发生兴趣，所以要清晰，要明示。"可见说话的重要性。同样，在销售过程中，销售人员只有掌握了说话的技巧，善于抓住顾客的心理，针对不同顾客说不同的话，才能把话说到客户心里去。这样一来，不仅可以让双方交流得轻松愉快，同时也可以达到销售目标。因此销售员要通过"察言观色"来学会洞察人心，说话时要对不同对象采用不同的方式来进行交流，也就是说既要能表达清楚自己的意思，又要让顾客听着惬意。

在通常情况下，大多数销售人员与客户一见面就开始滔滔不绝地介绍，说自己的产品是如何的好，如何的与众不同，不但能给顾客带来很多的实惠，而且比同类产品更畅销等。但可惜的是，顾客想听的并不是这些，就算你说得再好，也不会打动顾客的心，反而只会让顾客感到厌烦。其实，大多数销售人员通常都是这样根据自己的主观想法，或自己喜欢的说话方式来与客户进行交流。

人们通常都是运用语言来进行情感交流和思想交流的，因此语言是人与人之间进行交流的最重要的工具。语言作为人们相互传达信息的一种媒介，会让人们的心理产生不同的反应。所以，销售人员在平时的销售过程中，应该注重语言的学习和积累，让自己在不同的场合，面对不同的顾客时，能够运用得体、恰当的语言来准确地传递信息、表情达意，以便于达到最佳的表达效果。对于销售人员而言，一句说得好的话有可能就会赢得顾客的信任，同样一句话，如果没说好，也有可能会失去一次销售机会。所以，销售员在说话之前，就应该先考虑到顾客是不是愿意听我说这些，这样说能否让顾客听后感到舒服，否则，只能是多说无益。因此销售人员与顾客交流的时候不能随意说话，应该经过认真思考，并学会把自己的每一句话都说到客户的心里去。这样才能够顺利地达成销售目的。

那么，销售人员怎样才能把话说到顾客心里去呢？

第四辑　有效沟通，掌握说话与倾听艺术

首先，我们就要知道顾客的想法，再进一步了解顾客存在的问题、疑虑、愿望和期望达到的目标等，然后站在顾客的立场上、从顾客的利益出发来思考问题。同时，通过运用自己的专业能力为顾客找到最理想的解决方法。其实，销售人员把话说到顾客心里去的目的，就是希望我们能够做到真正了解顾客需求的同时，更好地完善和满足顾客的需求，通过这种更加有效的交流方式，达到双方相互了解和信任的目的。只有当我们能够真正了解顾客的需求之后，我们才能够告诉顾客我们能够提供怎样全面的服务。再与顾客一起明确服务的过程、要求，服务的条件、质量以及服务效果的保障，这样一来，才能够使顾客真正信任我们，选购我们的服务或产品。

实际上，销售人员与客户相互沟通的过程就是共同探讨的过程。对于销售人员来说，就是通过运用各种方式和方法来说服顾客购买的过程。因此销售人员只有在说服客户的前提下，才能促成交易的成功。这就要求销售人员掌握说话的技巧，善于把话说到顾客的心里去，能够深深地吸引顾客，满足顾客倾听的心理，这样才能引起顾客的兴趣和注意，从而使顾客听得明白，听得高兴，那你就能够顺利地为自己开辟一条成功的销售之路。

有的销售人员在与顾客交流时，总是不冷不热地问："请问您要买什么？""您对我们的产品感兴趣吗？"这样的交流方式，往往就只会得到顾客拒绝的回答，销售人员便无计可施。于是好不容易才等来的一个顾客，销售人员的一句话就白白地丧失了一次销售机会。这就是因为销售人员在与顾客交流的过程中，没有把话说好而造成的。这样不仅不能获得顾客的认同，反而还将双方之间的距离拉开了，从而导致顾客变得更加谨慎，销售员想要达成销售的愿望就会变得越来越渺茫。然而，对于有经验的销售人员来说，他们则会先找到与顾客之间的共同话题，接下来等双方聊到十分开心的时候，再借此机会推销自己的产品，这样往往都可以达成销

售。

正所谓"酒逢知己千杯少,话不投机半句多",如果销售人员说的话不能引起顾客的共鸣,话说再多也是没有任何作用的,而针对顾客说一些投其所好的话,说一句就能够达到事半功倍的效果。

有一位顾客因为自己刚买不久的商品出了质量问题,所以就怒气冲冲地去找销售人员理论,销售人员认真地听顾客发完牢骚后,说:"如果换成是我买到这样的产品,也会跟你一样生气。"并始终都对顾客的意见表示认同,这样的表现使原本怒不可遏的顾客一下子气就消了一半,这位顾客本来坚决要求退货,最后却变成了更换产品。

可见,销售人员只要把话说到顾客的心里,就能够解决很多非常棘手的问题。

在销售过程中,销售人员虽然应该多谈些客户感兴趣的话题,但还要养成多提问题的习惯,通过提问引起客户的注意,再积极地倾听,并尽量让客户多说话,以便于听出客户的兴趣点。这样销售人员才有机会把话说到客户的心里去,从而让客户感觉到我们对他的理解和尊重,这样才能最终赢得客户对我们的信任。因此,销售人员只有通过不断地训练自己的语言,善于运用尊敬、温柔、善解人意的话语来打动顾客的心,在销售中做到话语有"术",才能把话说到顾客的心里去,从而让顾客敞开心扉,最终实现销售目的。

用词要入乡随俗

人们常说"物以类聚,人以群分",要成为一个优秀的销售人员,就要努力让客户感觉到他跟你是同一种人。在这种状况下,客户很容易对你及你的产品产生一种亲近感。这样一来,无论你要销售什么产品,都轻而易举了。

反之,如果你偏要显得与众不同,显得专业的话,却不一定会

第四辑 有效沟通,掌握说话与倾听艺术

收到想要的结果。

乔治受上级的命令为办公大楼采购大批的办公用品。结果,他在实际工作中碰到了令他哭笑不得的情况。

首先使他大开眼界的是一个推销"信件分投箱"的推销员。乔治向这位推销员介绍了公司每天可能收到的信件的大概数量,并就信箱提出了一些具体的要求。这个小伙子听后考虑片刻,便认定乔治最需要他们的CSI。

"什么是CSI?"乔治问。

"怎么,"他以懒洋洋的语调回答,话语中还带着几分不屑,"这CSI就是你们所需要的信箱啊。"

"那是纸板做的,金属做的,还是木头做的?"乔治试探地问道。

"如果你们想用金属的,那就需要我们的FDX了,也可以为每个FDX配上两个NCO。"

"我们有些打印件的信封会长点儿。"乔治说明。

"那样的话,你们便需要用配有两个NCO的FDX转发普通信件,而用配有RIP的PLI转发打印件"。

这时,乔治实在听不懂他在讲些什么,于是说道:"小伙子,你的话让我听起来十分费解。我要买的是办公用具,不是字母。你所说的那些字母代表什么?"

"噢,"他答道,"我说的都是我们产品的序号。"

最后,乔治费了九牛二虎之力才慢慢从推销员嘴里弄清楚他的各种信箱的规格、容量、材料、颜色和价格。

最后,乔治把他打发走了。

推销员用一些类似于"天书"的语言向乔治推销,而且没有必要进行解释,乔治根本听不懂,生意自然做不成。

用客户听得懂的语言向客户介绍产品,这是基本的常识。推销员对产品和交易条件的介绍必须简单明了,表达方式必须直截了当。表达不清楚,语言不明白,就可能会产生沟通障碍。另外,

推销员还必须使用每个客户特有的语言沟通方式。

推销员在与不同的客户沟通时,应当认真地选用适合于该客户的语言。然而,推销员常犯的错误就在于,过多地使用技术名词、专有名词向客户介绍产品,使客户如坠云里雾里,不知所云。试问,如果客户听不懂你所说的意思是什么,你能打动他吗?

在和客户交流时要注意做到以下几点:

一、简洁

简洁是对推销陈述的基本要求。陈述时,应简单明了、干净利落,避免反复,应尽可能在较短的时间内将比较重要的信息传递给客户。只有尽快唤起客户的兴趣,才可能使推销进行下去。

二、流畅

流畅也是对推销陈述的基本要求。语言流畅,一是要求推销员讲话时要口齿清晰、流利;二是指陈述的内容要有连续性、逻辑性,上下文衔接合理,原因结果叙述清楚。

三、准确

准确是对推销陈述的更高要求。陈述准确,首先要求推销员必须选择正确的陈述内容。推销员不应试图把自己掌握的所有信息都传递给客户,而应选择客户最感兴趣的信息作为陈述的内容。其次要求推销员合理安排在洽谈的不同阶段的陈述重点。在洽谈过程中,推销员通常要进行若干陈述。但是,不同阶段的陈述应有不同的重点。

四、生动

生动是对推销陈述的最高要求。推销是激发客户的购买欲望、说服客户采取购买行动的过程,因此,要求推销语言必须是能够打动客户的语言,它应该具有如下基本特征:新颖别致,与众不同;易使人产生联想;易被人记住;易使人感受到;易使人被说服,这样的语言才是生动的语言。

乔·吉拉德曾说过:"在沟通的过程中触犯禁忌和说别人听不

懂的话题，等于向天空吐口水（自己是最大的受害者）。"

所以，说客户明白的话才能把信息很好地传递给客户，如果说客户听不懂的话，就不会产生预期的销售效果。

在说话中推销自己

现代营销充满竞争，产品的价格、品质和服务的差异已经变得越来越小。推销人员也逐步意识到竞争核心正聚焦于自身，懂得"推销产品，首先要推销自我"的道理。要"推销自我"，首先必须赢得客户的信任，没有客户信任，就没有展示自身才华的机会，更不要谈赢得销售了。要想取得客户的信任，可以从以下几个方面去努力：

一、自信+专业

"自信等于成功的一半"，自信心对营销人员非常重要，它直接展示你的精神面貌，无形中向客户传递了你的信心。试想，一位推销人员对自己和公司都缺乏信心，那么要让客户信任和接受你则是很难的。但我们也应该认识到，推销人员具备自信的同时，一味强调自信心显然又是不够的，因为自信的表现和发挥需要一定的基础——"专业"。也就是说，当你和客户交往时，你对交流内容的理解应该力求有"专家"的认识深度，这样让客户在和你沟通中每次都有所收获，进而拉近距离，提升信任度；另一方面，自身专业素养的不断提高，也将有助于自信心的进一步强化，形成良性循环。

二、提问消除对方疑虑

日本推销之神原一平在打消客户的疑惑，取得客户对自己的信任方面有一套独特的方法：

"先生，您好！"

"你是谁啊？"

"我是明治保险公司的原一平，今天我到贵地，有两件事专程

来请教您这位附近最有名的老板。"

"附近最有名的老板?"

"是啊!根据我打听的结果,大伙儿都说这个问题最好请教您。"

"喔!大伙儿都说是我啊!真不敢当,到底什么问题呢?"

"实不相瞒,是如何有效地规避税收和风险的事。"

"站着不方便,请进来说话吧!"

突然地推销,未免显得有点唐突,而且很容易招致别人的反感,以至于被拒绝。先拐弯抹角地恭维客户,打消客户的疑惑,取得客户的信赖感,推销便成了顺理成章的事了。

提出相关的问题,并善意地为顾客解决问题,做顾客的朋友,是打消顾客怀疑的有效方法。

三、帮客户买,让客户选

推销人员在详尽阐述自身优势后,不要急于单方面下结论,而是建议客户多方面了解其他信息,并申明:相信客户经过客观评价后会做出正确选择的。这样的沟通方式能让客户感觉到他是拥有主动选择权利的,和你的沟通是轻松的,体会我们所做的一切是帮助他更多地了解信息,帮助其更好地做出购买决策,从而让我们和客户拥有更多的沟通机会,最终建立紧密和信任的关系。

四、成功案例,强化信心保证

许多企业的销售资料中都有一定篇幅介绍本公司的典型客户,推销人员应该积极借助企业的成功案例,消除客户的疑虑,赢得客户的信任。在借用成功案例向新客户做宣传时,不应只是介绍老客户名称,还应有尽量详细的其他客户资料和信息,如公司背景、产品使用情况、联系部门、相关人员、联络电话及其他说明等,单纯告知案例名称而不能提供具体细节的情况,会给客户留下诸多疑问。比如,怀疑你所介绍的成功案例是虚假的,甚至根本就不存在。所以,细致介绍成功案例、准确答复客户询问,非常重要。

善用提问的方式

在销售过程中,不可避免地会存在一些枯燥性的话题,这些话题往往是每一个人都不喜欢听的,甚至在过程中还会让人觉得不耐烦或是想睡觉。但是有时候,因为业务需要,销售人员又不得不给客户谈论这样的话题。

对于这种情况,销售人员应该怎么办呢?

如果销售人员想让销售达到预期效果,那就最好不要把那些必须跟客户说清楚的话硬塞给客户,在说的过程中,可以换一种方式,如可以使用提问的方式来进行讲解。

销售人员用提问的方式给客户进行讲解,这样就更容易引起客户的注意。因为平铺直叙的语言往往只能单纯地阐述一个事实,客户只能被动地接受,不会有任何思考;而提问式的语言很明显,可以给客户一个明确的思考方向,这就让客户不由自主地想寻找原因,使客户对谈话产生了浓厚的兴趣。如弗兰克曾在《一分钟交际》一书中提道:"与单纯的叙述相比,提问的方式更容易引起听话人的注意。"因此,无论是演讲,还是销售,我们都要尽可能地避免平铺直叙的语言,而要使用提问的方式说话。就算对方对你说的话毫无兴趣,但你只要向他提问,他就会不由自主地思考你的问题。

心理学家经过研究也发现,报纸上那些以提问方式为标题的文章,更能引起读者的阅读欲望。主要原因就在于平铺直叙的标题对读者没有足够的吸引力,而提问式的标题不仅可以引起读者的兴趣和阅读欲望,同时还可以积极启发读者进一步的互动思考。

由此可见,当销售人员在遇到客户对自己的话题毫无兴趣时,吸引对方注意力最好的办法就是运用提问的方式来讲述。同时,销售人员应该根据不同的环境和时间,灵活选择恰当的提问方式。

销售人员应当学会掌握这种说话技巧,才能更好地促成销售。

我们可以看看美国人是怎样把枯燥烦琐的折扣方法用提问的方式告诉客户的。

当一位女士走进航空公司的售票厅,对售票小姐说:"我要两张去旧金山的机票。"

"好的,女士,不过,这种机票有多种优惠价格,不知道您适合哪一种?"小姐答道。

"优惠?"女士漫不经心地说,"我听说过你们有优惠,但是不知道你们有哪些不同的优惠?"

"您是美国印第安人吗?"

"不是。你问这干吗?"

"那真是太遗憾了,如果您是印第安人,并在凌晨 4 点起程,又在次日清晨返回的话,我们可以给您减价 30%,但现在只有 8% 的优惠。"

"哎,真可惜,请问你们还有别的优惠条件吗?"

"有啊,如果您已经结婚 50 年以上并没有离婚,将要去参加您的结婚纪念活动的话,我们给您优惠 20%。"

"不好意思,还有别的吗?"

"有,如果您是一位度假的国家驻外使馆人员,可以给您 15% 的优惠。"

"很遗憾,我正和先生一起旅行。"

"哎呀,女士您怎么不早说?您先生还不到 60 岁吧?如果你们不赶在周末旅行,那就能享受到 20% 的优惠。"

"抱歉,我们只有周末才有时间旅行!"

"是这样啊,那请问您和您先生有当学生的吗?如果你们其中一人在上大学,并且在星期五乘飞机,我们可以给您 45% 的优惠(耶稣在星期五遇难,因此星期五被视为不祥之日)。"

"差不多能便宜一半啊!可惜我不符合你们的条件,小姐,您还是给我那8％的优惠吧,谢谢您的详细介绍……"

从这个例子可以看出,对于这些种类繁多的优惠条件,如果是一条一条地说出来将会十分枯燥,而且顾客也不愿意听。在这种情况下,销售人员就要学会运用这种提问的讲述方式,用一些有趣的问题来引导客户,就会取得不可思议的效果。

那在销售过程中,销售人员与客户的谈话中主要有哪几种常见的提问形式呢?

一、直接型提问

当我们需要客户做出明确答复时,直接型提问是一种最好的方式。这种提问一般直来直去,速战速决,但销售人员一定要注意场合和时机,否则就会显得比较生硬。一般来说,这种提问方式比较适用于关系密切的交谈双方,生活中常见于父母对子女的责问,上级对下级的询问;如果双方关系并不深,那么就要慎重使用这种提问方式,避免发生不愉快的后果。

二、迂回型提问

在销售人员不宜直截了当地提问时,可采取这种提问方式。如有"政治采访之母"之称的意大利著名女记者奥里亚娜·法拉奇,以访问世界政治舞台风云人物而闻名中外。而面对敏感问题采取迂回型提问,就是她取胜的法宝之一。当她在采访我国领导人邓小平时,提出一个问题:"天安门上保留下来的毛主席像,是否要永远保留下去?"看上去很平常的问题实则包含着深刻的含义。因为她真正想知道的是邓小平对毛泽东、毛泽东思想的评价及其今后在中国的地位。

三、诱导型提问

这种发问不是为了自己回答,而是为了吸引对方紧跟自己的思路而问,诱导对方接受自己的观点,故意向对方发问。如老师批评学生的时候,在指出对方的错误行为之后,常常接着问:"你自己觉得这样做正确吗?"这其实是一种诱导和启示,通过提问引起对

销售心理学

方思考,直至明白某个道理。卖茶叶蛋的人问顾客:"要一个还是两个茶叶蛋?"远远比"要不要茶叶蛋"达到的效果要好,其中的道理是一样的。在销售过程中,这也是销售人员最常用的一种提问方式,运用这种提问方式,往往可以更好地促成销售。

用赞美性的话语去销售

我们每一个人都有虚荣心,而让对方产生优越感的最好方法就是充分满足其虚荣心。每个人通常都承受着来自各个方面的压力,并处处听从于别人的指挥,大部分的人都想要体会一下比别人优越的美妙感觉,因此,这些人一般都比较喜欢那些能满足自己优越感的人,而让人产生优越感最有效的方法就是对别人引以为傲的事情大加赞赏。

由于每个人都希望赢得别人的尊敬和重视,都希望自己在别人眼里永远是一个积极、正面的形象,所以几乎没有人会因为受到赞美而感到不高兴,除非是那种挖苦讽刺性的赞美。既然每一个人都希望被赞美,同样,在销售人员与客户交流的过程中,就可以进行适当地赞美,如果满足了客户的优越感,那就可以在瞬间拉近双方的距离,消除陌生感,同时,也能让对方与你交流起来没有过多的戒备之心,向你打开心扉。

由此可见,赞美性的语言无疑是最具有魔力的一种语言。所以,作为一名销售员,一定不要吝啬赞美你的客户。

一次,销售人员王先生去一家大公司推销保险,当见到这家公司的李总时,他便用充满敬意的目光向他行礼致意,接着又向李总问好并做了自我介绍。

销售人员:"李总,您好。我是保险公司的推销人员小王,请多多指教。"

李总:"请坐。"

第四辑 有效沟通，掌握说话与倾听艺术

销售人员："谢谢，非常感谢李总在百忙之中抽出时间与我会面，能够有机会与你见面我感到万分荣幸。"

李总："不用客气，我也很高兴见到您！"

销售人员王先生非常诚恳地感谢了对方的接见，并表示能够与对方见面觉得非常荣幸，这让对方感受到自己是个很重要的人物。

销售人员："贵公司在李总的领导下，业绩远远领先于整个业界，真是十分令人敬佩。我曾有幸拜读过贵公司企业文化，知道李总非常重视人性化的管理，员工对您也都非常爱戴。"

李总："我们公司的所有业务和你们公司一样，也需要去直接拜访客户，这就要求员工要有不达目的誓不罢休的冲劲及创意。冲劲及创意都必须来自员工的主动自发精神，用强迫、威胁的方式是不可能成为一流公司的。因此，我们特别强调人性化的管理，公司只有真正地做到尊重员工、照顾员工，才会有助于他们更好地发挥各自的潜力。"

销售人员："李总，您的理念反映了贵公司经营管理上的独特之处，真是很有远见。我相信贵公司在照顾员工福利方面也是不遗余力的，尽管你们目前已经做得非常好了。在这里我谨代表本公司向您报告一下有关本公司最近推出的一个新的团保方案，这种保险方案最适合外勤工作人员多的公司了。"

李总："新的团体保险？"

销售人员："是的。李总平常那么照顾员工，我们相信李总对于员工保险这项福利了解得也一定很详细，不知道目前贵公司已经采纳的保险措施有哪些呢？"

这是销售人员用赞美性的话语来接近顾客的一个成功例子，销售人员王先生利用赞美的推销方式，很快就为自己的推销工作打下了良好的基础。

以下都是一些常用的赞美话语，可供销售人员参考。

一、称赞个人的常用话语

"你的房子真漂亮,院子也收拾得非常整齐,你真是一个很有品位的人。"任何人听到别人这么说都会觉得很高兴,当销售人员能够这样诚恳地称赞顾客优点的时候,顾客在感到愉悦之余,通常都会做出购买决定。

"您办公室布置得非常高雅。"

"听说你有位漂亮的太太,真令人羡慕。"

"令爱很像你太太,长大后也一定是个大美人。"

"您的皮肤这么白,您看试穿这件红色的礼服怎么样?"

"你的孩子长得真像你,将来也必定是个社会的精英。"

"你住的地方真不错,眼光与品位确实与众不同。"

"你们的院子很漂亮,是先生您自己设计的吗?您工作那么忙又能将庭院收拾得井井有条,真是令人佩服。"

"你们的邻居都很羡慕你们夫妇情深,请问你们保持良好夫妻感情的秘诀是什么呢?"

二、称赞公司管理人员的常用话语

"总经理,您取得了这么大的成就,工作还这么努力,对我而言是个很好的榜样呀。"

"董事长,这个行业的人都说您是采购领域的专家。"

"您的眼光真高,令我非常佩服。"

"我们总经理要我感谢您对本公司多年的照顾。"

"久仰大名,今天能够见到您,我感到非常荣幸。"

"您的品位不凡,在本行业里拥有很好的口碑。"

"先生,我很冒昧地请问您,这条领带是您自己选的吗?搭配得很不错啊!"

三、称赞公司的常用话语

"贵公司是家颇有历史的公司,外界对贵公司的评价也很高。"

"贵公司的规模在此行业里高居榜首,很多同行都说要迎头赶上,但结果不仅没赶上,反而和你们的距离越来越远。"

"贵公司是本地区高收益企业的典型代表,大家对贵公司的评价都非常好。"

"很多顾客暗地里都说贵公司的竞争能力太强了,他们根本无法与你们抗衡。"

"听说贵公司的商品管理在这个行业里,没有一家公司比得上,不仅商品周转率高,而且几乎是零库存,真是令人羡慕啊!"

那么,在使用赞美性话语的过程中应该注意些什么呢?

1. 销售人员必须选择适当的目标加以赞美。对于个体顾客来说,个人的相貌、衣着仪表、举止谈吐、风度气质、才华成就、亲朋好友、家境等,都可以给予赞美。如:对方如果是一个十分讲究穿着的顾客,你就可以向他请教如何搭配衣服。对于团体顾客而言,除了上述赞美目标之外,企业规模、服务态度、经营业绩等,也可以作为赞美对象。如:对方如果是一个在知名企业工作的顾客,你就可以向他表示自己的羡慕之意。

总而言之,不管你是赞美个人还是赞美集体,赞美人还是事,都应该先选择最佳赞美目标,同时赞美的语言也要合乎情理,否则,就会弄巧成拙。因此,对于销售人员来说,应该特别注意要认真分析销售环境,绝不能搞错赞美目标。

2. 销售人员须选择适当的赞美方式来赞美顾客。其实,不合事实的、虚情假意的赞美,只会使顾客感到尴尬,甚至会让顾客有一种被人看不起的感觉,导致顾客对销售人员产生不好的印象,销售人员惹恼了这类顾客便等于跟自己过不去。因此,对于不同类型的顾客,销售人员的赞美方式也应有所不同,如,对于年老的顾客,应该多用间接、委婉的赞美语言;对于年轻的顾客,则可以用比较直接、热情的赞美语言;面对严肃型的顾客,赞语应自然朴实,点到为止;对于虚荣型顾客,尤其是在别人面前喜欢炫耀自己,这类顾客大都希望得到推销员的赞美,就可以尽量发挥赞美的作用。

销售心理学

但不管赞美的对象是谁,都必须要把握分寸,并做到诚心诚意。

3. 销售人员要注意,并不是所有的顾客都乐于接受你的赞美。对于同一个顾客来说,不同的环境和不同的心境,都会对同样的赞美产生不同的反应。有些顾客本来就不愿与销售人员有太多的交流,所以就更不愿让销售人员对自己进行评论,尤其是不喜欢销售人员谈及自己的隐私。因为他们认为销售人员的赞美不过是一种销售的手段而已,所以,对推销人员的赞美根本就不在乎,有时甚至还会觉得十分反感。

通常情况下,人们都具有被承认和被赞美的需要,总是希望得到别人的称赞与好感。所以销售人员就可以利用客户的这一心理,承认顾客,赞美顾客,接近顾客。在销售过程中,虽然会遇到各种不同的顾客,但只要销售人员能够客观地对待,不先入为主,总会从对方身上找到一些可以赞美的地方。

把顾客当成朋友

人们往往都比较相信自己所熟悉的人,相信自己的朋友,而对陌生人却总是有一些排斥和戒备的心理。其实,在销售过程中也是一样,销售人员如果能够让你的客户感觉到你把他当成了朋友,你的生意就成功了一大半。这样一来,他们就会对你所推销的产品的质量深信不疑,就会相信你所说的一切,久而久之也就对你产生一种信赖感,他们就会永远成为你最忠实的客户。

在当今社会,市场竞争日趋加剧。现在的顾客不再像早些时候,为了买点儿供不应求的商品,就去刻意讨好销售人员。由于现在顾客的地位发生了翻天覆地的变化,所以,顾客不但用不着去讨好销售人员,而且还成了销售的主宰。谁赢得了顾客,谁就赢得了生意。顾客就是"上帝"。

对大多数人而言,上帝只存在于我们的想象中,并且是不吃不喝的,假如我们真正相信上帝的存在,那对于销售员来说,不买东西的上帝也就不能成为自己的客户。如果顾客真是上帝,这就意味着我们要尽心竭力地为客户服务。"上帝"要买车子,我们是否做到了想其所想,想其所需?"上帝"的车子坏了,我们有没有及时地给予安慰,并以最快的速度为他们修理?"上帝"因此而进行投诉时,我们有没有以最好的态度为他们排忧解难呢?由此可见,上帝离我们太远了,是那样的遥不可及,所以我们并不清楚该怎样去对待他。这就导致我们大多数时候都疏忽怠慢了"上帝"。

上帝是高高在上的,但是朋友却是实实在在的,那我们为什么不把顾客当成是我们的朋友呢?所以,销售人员如果将客户当成朋友,那你就会以另一种完全不同的态度来对待客户。

实际上,大多数销售人员都认为与客户谈生意是一件非常严肃的事,在销售过程中,自己应该时刻注重礼节,说话应该小心谨慎,说话的内容也最好是与生意相关的。然而他们却不知道,很多成功的销售人员与客户一起谈生意时,往往都会特别注重一些生意以外的事情,表面上这些看似和生意无关的事情,最后却能够直接影响到这笔生意的成败。因为,在销售过程中,当你以销售人员的身份与客户交流时,你就把客户当成了上帝,当你保持一种对待朋友的心态时,你就把客户当成是你的朋友,这样客户就不会有太多拘束感和戒备心理,生意反而更容易获得成功。

对于那些远道而来的客户,更是如此。因为在短暂而宝贵的面谈时间里,销售人员不可能立刻向客户推销产品,通常情况下,都应该十分随意地与客户聊聊一些与生意无关的事情,如身体状况、生活、家庭、教育、趣事等,接下来再邀请客户吃饭。让客户有一种见到老朋友的感觉。把客户当成自己的好朋友一样对待,才能赢得客户的心,才能够赢得生意。

客户对产品的感情,不仅受到客观因素,如产品的质量、价格以及使用满意度等的影响,同时还会受到主观因素,如他与销售人

销售心理学

员之间的关系的影响,甚至主观因素还可能会高于客观因素。销售人员与客户之间,如果要从普通的合作关系发展到可以相互分享各自人生经历的朋友关系就不是一件容易的事,所付出的精力当然也会比单纯地做一笔买卖要多得多,但这样做的意义却比单纯地做一笔买卖要深刻得多。

如果站在销售学的立场上说,衡量成功销售的重要标准之一就是:是否充分地获取了客户的终身价值。所谓客户的终身价值,就是指一个客户为一种产品一生的花费能给公司带来的价值。这个终身价值可以反映出客户对这件产品的忠诚程度,而这个忠诚度又来自于客户对这个产品的感情。

销售人员在与客户谈生意的时候,如果能像对待朋友一样,这不仅能让客户自己感觉到备受重视,同时也会对你更加信赖。若能让客户长时间地保持这种信赖关系,也就能够充分获取客户的终身价值。对于销售人员而言,能够把一个客户变成你的朋友,这也是一件非常值得高兴而又有成就感的事情。或许,这个朋友还会介绍更多的朋友给你认识,从而为你带来更多的生意,即使你与他们做不成生意,多个朋友也是一件好事。

从客户关系管理上来说,你和每一个客户谈生意的时候,不可能都像朋友一样,当然,你也不可能有那样的精力和资源。

在销售过程中,如果不仅想把生意做成,同时也想做得更长久一些的话,就必须保持一种认真、诚恳、求真务实的态度,并将其形成一种习惯,才能始终对客户做到以诚相待。

在当今这个时代,客户是上帝只是一种传统的说法,销售人员想要真正地赢得客户的心,就必须在把客户当成上帝的同时还要把客户当成朋友。

让自己的语言富有创意

有时,同样的一件事有不同的说法,产生的效果也有天壤之别。让你的语言富有创意,你的电话沟通就会比平淡无奇的说法更容易进行下去。

首先,我们来看一下平淡的沟通会产生什么样的结果:

销售人员:您好,请问是于总吗?

于总:是的,请问什么事?

销售人员:于总您好,我是××公司的小李,我们是专门做网站建设的,今天下午我刚好要经过您公司那边,想顺便过来拜访一下您,您觉得方便吗?

于总:对不起,我很忙,没时间。

销售人员:那您觉得什么时间方便呢?

于总:这就很难说了,以后再说吧!

销售人员:那好吧!以后再联系,谢谢!

这样平淡无奇的语言,只能导致客户拒绝你,从而中断你们之间的谈话,而富有创意的语言则不同了,它会使你成功地越过沟通障碍。

销售人员:于总您好,我××公司的小刘,有个事情想麻烦一下您。

于总:什么事情?

销售人员:如果我告诉您之后,请答应我一定不要怪我,行吗?

于总:你说吧!

销售人员:我偷了您的东西!

于总:哦!什么东西?

销售人员:智慧!

于总:我们才第一次交谈,你怎么就偷了我的智慧呀?

销售心理学

销售人员：通过网站，在贵公司网站上我看到了于总您成功的秘密！

于总：是吗？什么秘密？

销售人员：用世界首富比尔·盖茨的话说就是"眼光独特"。在没有给您打电话之前，我已经在贵公司网站上了解到，于总您的"眼光真的很独特"。我相信贵公司在未来几年时间内一定会更加壮大。

于总：过奖了，谢谢。

销售人员：于总，请教您一个问题可以吗？

于总：说吧。

销售人员：请问您打算把您的企业作为一辈子的事业来经营吗？

于总：我想应该是的。

销售人员：那请问您觉得如果企业要壮大，宣传工作重要吗？

于总：肯定重要。

销售人员：那么，于总，请问您现在一般是采用哪些渠道进行宣传呢？

于总：主要是户外广告和网站。

销售人员：这两个渠道的确不错，于总，我告诉您一个好消息，但听完之后，您一定要答应我的一个请求，好吗？

于总：先说说是什么好消息？

销售人员：如果我现在有一个方法能很快地扩大贵公司的知名度，并且费用很低的话，您是否考虑面谈一次呢？

于总：是吗？你先在电话和我讲一下。

销售人员：我非常愿意在电话里告诉您，但在电话里介绍恐怕不容易说清楚。我希望能有机会现场演示给您看，这样您的印象就会更深。

于总：好吧！

第四辑 有效沟通,掌握说话与倾听艺术

销售人员:那您觉得我是明天上午过去方便一些,还是明天下午?

于总:上午吧!

销售人员:几点呢?

于总:10 点以后吧!

销售人员:好的,于总,我 10 点一定赶到,谢谢您。

于总:好的。

销售人员:祝您工作顺利,再见。

由此可见,富有创意的语言可以激发客户与你交谈下去的兴趣,那么你们之间的沟通障碍也就不存在了。相反,乏味的语言让人觉得整个过程是沉闷的,不能将人们的关注热情调动起来,不能锁定和聚焦客户的关注点,销售效果便会大打折扣。

让语言多一些生活的元素,是日常生活中的一种积累,销售员要学会做生活的有心人,善于捕捉一些语言中闪光的因素,做一个充满幽默感的人。

第五辑

注重细节,拉近与客户的心理距离

　　成功的销售者都是通过对一个个细节的重视,才最终"征服"顾客的。可见,细节具有表情。在销售中的每一个环节里,任何细微之处都透露出你的心意、你的素养、你的气质。而顾客通常都很会察言观色,他们从你得体的谈吐、专业的知识和你所提供的销售建议中就能够轻易读出你的诚意。

第五辑　注重细节，拉近与客户的心理距离

☙ 成功源于细节 ❧

成功者的共同特点，就是能把小事做好，能够抓住生活中的一些细节。实际上，不管什么事都是由一些细节组成的。一心渴望成功、追求成功，成功却了无踪影；甘于平淡、认真做好每个细节，成功却不期而至。这就是细节的魅力，同时也是水到渠成后的一种惊喜。

在日常的生活中，我们每一个人都曾有过被生活中的一件小事，或者是亲人、朋友的一句鼓励的话语，又或许影视、文学作品中的某个细节所打动的经历，可以说动人的细节无处不在。

其实，成功的销售者都是通过对一个个细节的重视，才最终"征服"顾客的。可见，细节具有表情。在销售中的每一个环节里，任何细微之处都透露出你的心意、你的素养、你的气质。而顾客通常都很会察言观色，他们从你得体的谈吐、专业的知识和你所提供的销售建议中就能够轻易读出你的诚意。相反，当你盲目夸大产品功效，或是不重视顾客的感受，自以为是地向顾客销售时，只会让顾客拒绝你的推销。所以，销售者要多去关注细节、抓住细节，从细节入手才能达成销售。

有一家招聘高级管理人员的大公司，对一群应聘者进行面试。应聘者虽然都很自信地回答了主考官的提问，但最后都未能被这家公司录用，只得无奈地离去。这时，又来了一位应聘者，当他走进房间后，看到了地板上有一个纸团。由于地板十分干净，所以那个纸团就显得很不协调。于是这位应聘者便毫不犹豫地捡起了纸团，并准备将它扔到纸篓里。就在这时，主考官大声地说："您好，这位朋友，请您打开捡起的纸团看看吧！"这位应聘者略显疑虑地打开了纸团，只见上面写着："热烈欢迎您到我们公司就职。"几年过后，这位捡纸团的应聘者成了这家大公司的总经理。

显而易见,这是一道专门用来考察应聘者细节的试题,却使很多信心满满的应聘者都失败而归。就是这个让人不经意的细节决定了面试的成败。

惠普创始人戴维·帕卡德曾说过:"小事成就大事,细节成就完美。"所以,对于每一个人来说,完美自我的展现,是离不开细节来体现的,因为细节总是容易让人忽视,所以往往最能反映一个人的真实状态,因而也最能表现一个人的修养。因此,透过小事看人,日渐成为衡量、评价一个人的最重要的方式之一。

在一个乌云密布的午后,由于转瞬即到的倾盆大雨,一位老妇人急忙走进费城百货商店避雨。她略显狼狈的姿容和简朴的装束,让所有的售货员都对她不闻不问,毫不在意。

就在这时,有一个面带微笑的年轻人走过来,然后热情地对她说:"夫人,我能为您做点儿什么吗?"老妇人笑着回答:"不用了,我在这儿躲会儿雨,雨停了就走。"老妇人又露出略显尴尬的神情,不买人家的东西,却借用人家的地盘躲雨,似乎不合情理,于是,她开始在百货店里转起来,因为她觉得就算是买个小物件,也能给自己找个心安理得留下来躲雨的理由。

正当她徘徊之际,刚才那个小伙子又走过来说:"夫人,您不必感到不安,我为您在门边放了一把椅子,请您坐下来休息,等雨停了再走。"几个小时后,雨总算停了,老妇人起身向那个年轻人道谢,当她转身准备离开时,她又回过头来说:"年轻人,能给我一张你的名片吗?"那个年轻人掏出一张名片递给她,然后这位老妇人才慢慢地走出了商店。

几个月后,费城百货公司的总经理詹姆斯收到了一封信,信中明确要求将这位年轻人派往苏格兰接受一份给整个城堡装修的大订单,同时还让他承包自己家族所属的几个大公司接下来三个月办公用品的采购订单。詹姆斯感到非常的惊喜,因为这一封信为他所带来的利益,比他们公司两年的利润总和还要多。

第五辑 注重细节,拉近与客户的心理距离

当詹姆斯迅速与写信人取得联系后,才知道这封信是一位老妇人写来的,这位老妇人正是美国亿万富翁"钢铁大王"卡内基的母亲,她告诉詹姆斯,自己曾在他的百货公司躲过雨……

于是,詹姆斯立刻叫来了这位名叫菲利的年轻人,并马上将他推荐到了公司董事会。事实上,当菲利起身飞往苏格兰时,他就已经是这家百货公司的合伙人之一了。然而,菲利那年才二十几岁。

在接下来的几年时间之内,菲利以他一贯的热情和诚恳,成了"钢铁大王"卡内基的得力助手,事业上更是一帆风顺、平步青云,很快就在美国钢铁行业成为仅次于卡内基的风云人物。

菲利之所以有机会认识"钢铁大王"卡内基,从此走上了让人羡慕的成功之路,就是因为他注意到了其他售货员都毫不在意的细节。

有一个成功的销售员,当他每次登门拜访时,见到顾客的第一句话都是"您好,我是一个路过这里的销售员,我口很渴,您能给我一杯水吗?"通常情况下,大多数人都不会拒绝这个穿着整洁、说话有礼的年轻人的小请求。他总是利用喝水这段宝贵的时间与顾客谈论起家庭和装潢,然后再顺其自然地引到自己所推销的产品上。事实上,销售人员通过要水喝这个寻常的举动,悄无声息地给了顾客一个自我价值体现的机会。

一杯水为什么能起到如此大的作用呢?

这是由于,销售人员向顾客要水喝的这个举动,很自然就起到了活跃气氛的作用,同时销售人员的直接目的也就被淡化了,在喝水的过程中,你也可以跟顾客一起聊聊天,顺便称赞一下主妇一手打理的整洁居室,这样既能拉近你跟顾客的距离,同时也可以了解顾客的真实想法。

由此可见,在销售过程中,要多注意细节,才能拉近与客户之间的距离,也才能更好地促成销售。所以,一些看似不起眼的细节却往往能影响最终的成败。

141

一次,有一个销售人员来到一家大公司推销办公用品,而这家公司当时也正准备购置一些办公用品,双方经过洽谈后,最终成交。但当销售人员正准备把产品报价等相关信息写给这家公司负责人时,发生了一件让人意想不到的事情——销售人员掏出的笔竟无法写出字来。一个文具销售人员,自己的笔无法写出字来,这不是笑话吗?于是,这位公司负责人当场就告诉他:"你不用写了,我决定不要你的产品了!"就这样,一笔本已成交的生意却在最后一刻功亏一篑,这就是因为销售人员忽视细节,才导致了他们以失败而告终。细节能赢得客户对你的好感,一位讲求细节的销售员一定也会处处为客户着想,这样的销售员可以让客户拥有一种安全感。

细节决定成败,销售细节往往能提高销售的成功率。作为销售人员,在和顾客洽谈过程中,应该时刻注意交流中的每一个小细节,因为细节对销售的影响是举足轻重的。

打造无敌亲和力

有人说客户的心是一扇虚掩的门,销售员将其打开的金钥匙就是真诚。而将心门打开后,怎样才能成功捕获客户的心,让客户心甘情愿地接受你、喜欢你,继而愉快地与你合作?

捕获客户心理的最好方式就是情感投资,满足客户内心的需要,通过语言、神态举止让客户得到应有的尊重。用自己的行动捕获客户的信赖感,当客户被你征服,他就会毫不犹豫地跟你走。

微笑是一种美好的表情,让人觉得友善,觉得真诚,觉得亲切,觉得美丽。

销售其实就是销售员与客户之间的一场交际,一个从陌生到相识、从抗拒到接受、从质疑到满意的过程,这其中有着无数的情感变化。而销售成功与否和销售员是否懂得并准确地把握客户的

第五辑 注重细节,拉近与客户的心理距离

内心有着很大的关系。

俗话说"不笑不开店",在销售行业,同样有这样一句话"你的微笑价值百万",其实所说的道理都是相同的:用微笑换回巨大的利益。对于客户来说,销售员的微笑令人感到亲切而又温馨,一个真正投入感情并始终保持微笑的销售员一定会比一个总是板着脸的销售员赢得更多的客户与订单。真诚的、发自内心的微笑才能温暖和打动别人的心,这就是微笑的魅力。

"不管我认不认识,当我的眼睛一接触到人时,我就先对对方微笑。"这是一位出色的人寿保险推销员在谈到自己赢得客户的经验时说到的一句话。对于销售员来说,微笑有着独特的魅力和神奇的力量,用微笑来征服客户,比其他任何方式都更加有效和持久。

温和的眼神也是对人心灵的安抚,能给予对方心理上巨大的安慰。每一个人生活在这个世上,都会遇到各种不如意的事情,包括我们所面对的各种类型的客户,他们都曾经遭受到烦恼和痛苦,都或多或少地受到过不被重视的待遇,但温暖真诚的目光,却可以使人得到安慰,获得力量。一道温和的目光如一道温暖的阳光,不仅能够照亮阴暗的心灵,还能够温暖身边人们的心灵。销售员不仅要学会对客户微笑,同时要用温和真诚的目光去关心客户,赢得客户的心。

任何一位顾客都讨厌不受到重视,当销售员对客户视而不见或者将客户晾在一边时,客户自然会让他的生意失败。对每一位客户一视同仁,温和有礼,用每一个细节让客户感受到你对他的尊重和重视,顾客一定会接受你。

世界上最伟大的推销员乔·吉拉德曾经说过:"当你笑时,整个世界都在笑。一脸苦相没人理睬你。"销售就好比照镜子,你如何对待客户,客户就会如何对你。在销售中微笑、温和、礼貌与尊重,做一次或许很容易,难的是一直这样做下去;对一个客户这样

做或许很容易,难的是对每一个人都要如此。

把高帽子给顾客戴上

下面这个故事出自美国作家马克·吐温的《傻子出国记》。作家以第一人称的手法,诙谐、夸张而又淋漓尽致地描述了推销中心理作用的精彩一幕。

我和船上的外科大夫,在轮船抵达直布罗陀后,上岸去附近的小百货店购买当地出产的精美的羊皮手套。店里有位非常漂亮的小姐,递给我一副蓝手套。我不要蓝的。她却说,像我这种手戴上蓝手套才好看呢。这一说,我就动了心,偷偷地看了一下手,也不知怎么的,看起来果真相当好看。我想将左手的手套戴上试试,脸上有点发烧——一看就知道尺寸太小,戴不上。

"啊,正好!"她说道。

我听了顿时心花怒放,其实心里明知道根本不是这么回事,我用力一拉,可真叫人扫兴,竟没戴上。

"哟,瞧您肯定是戴惯了羊皮手套!"她微笑着说,"不像有些先生戴这种手套时笨手笨脚的。"

我万万没有料到竟有这么一句恭维的话。我只知道怎么去戴好手套。我再一使劲,不料手套从拇指根部一直裂到手掌心去了。我拼命想遮掩裂缝。她却一味地大灌迷汤,我的心也索性横到底,宁死也要识抬举。

"哟,您真有经验(手背上开口了)。这副手套对您正合适——您的手真细巧——万一绷坏,您可不必付钱(当中横里也绽开了)。我一向看得出哪位先生戴得来(照水手的说法,这副手套的后卫都'溜'走了,指节那儿的羊皮也裂穿了,一副手套只剩下叫人看了好不伤心的一堆破烂)。"

我头上给戴了七八顶高帽子,没脸声张,不敢把手套扔回这天仙的纤手里去。我浑身热辣辣的,又是好气,又是狼狈,戴上美女的高帽后心里还是一团高兴,恨只恨那位仁兄居然兴致勃勃地看我出洋相。我心里真有说不出的害臊,嘴上却说:"这副手套倒真好,恰恰合手。我喜欢合手的手套。不,不要紧,小姐,不要紧,还有一只手套,我到街上去戴。店里头真热。"

店里真热,我从来没有到过这么热的地方。我付了钱,好不潇洒地鞠了一躬,走出店堂。我有苦难言地戴着这堆破烂,走过这条街,然后,将那丢人现眼的羊皮手套扔进了垃圾堆。

小百货店的这位美丽小姐,为了说服顾客买她的羊皮手套,恰到好处地利用人们心理和情感等方面存在着的人性弱点,抛出一顶顶高帽子,让顾客陷入自己的得意扬扬中,跨入她设置的陷阱。

而这位爱面子、好虚荣、重尊严的顾客,宁死也要识"她"的抬举,于是在被灌了一肚子迷魂汤后,在心里"害臊"和面上"开开心心"的矛盾下,戴着这堆"丢人现眼"的破烂羊皮手套走人。

这里,漂亮的店员小姐紧紧抓住顾客人性弱点步步进攻,导致顾客不能做出最好的选择而臣服在她的"甜言蜜语"下。

人人都有虚荣心,都喜欢听恭维的话。在推销过程中,适当地给顾客戴顶高帽子,顾客在陶醉中就很容易购买你的东西了。

大多数人都喜欢听漂亮话,喜欢被人赞美,有时候明明知道这些赞美之辞都是言不由衷的话,但仍喜欢听。在推销中,如果能适当地恭维顾客,给他一顶高帽子戴戴,一旦他飘飘然,那你的推销就一定会成功。

直击推销语言艺术

推销过程中有几个环节很关键,做好这些关键环节以后,你也能做得很好,轻松掌握推销语言魅力就不再遥远。在推销过程中的谈话,有些属于较为正式的,其言语本身就是信息;也有些属于

非正式的,言语本身未必有什么真正的含义,这种交谈只不过是一种礼节上或感情上的互通而已。

例如,我们日常生活见面时的问候以及在一些社交、聚会中相互引荐时的寒暄之类。当你与客户相遇时,会很自然地问候道:"你好啊!""近来工作忙吗,身体怎样?""饭吃过了吗?"此时对方也会相应地回答和应酬几句。这些话常常没有特定的意思,只是表明,我看见了你,我们是相识的,我们是有联系的,仅此而已。

寒暄本身不正面表达特定的意思,但它却是在任何推销场合和人际交往中不可缺少的。在推销活动中,寒暄能使不相识的人相互认识,使不熟悉的人相互熟悉,使单调的气氛活跃起来,你与客户初次会见,开始会感到不自然,无话可说,这时彼此都会找到一些似乎无关紧要的"闲话"聊起来。闲话不闲,通过几句寒暄,交往气氛一经形成,彼此就可以正式敞开交谈了。所以寒暄既是希望交往的表示,也是推销的开场白。

寒暄的内容似乎没有特定限制,别人也不会当真对待,但不能不与推销的环境和对象的特点互相协调。我们在推销开始时的寒暄与问候,应适合不同的情况,使人听来不觉突兀和难以接受,更不能使人觉得你言不由衷,虚情假意。

除了问候和寒暄之外,还要注重推销中的对话。

作为推销场合的谈话,既不同于一个人单独时的自说自话,也不同于当众演讲,而是推销双方构成的听与讲相配合的对话。对话的本质并非在于你一句地一句地轮流说话,而在于相互之间的呼应。

瑞士著名心理学家皮亚杰把儿童的交谈方式分为两种,当一个儿童进行社交性交谈时,这个孩子是在对听者讲话,他很注意自己所说的观点,试图影响对方或者说实际上是同对方交换看法,这就是一种对话的方式。但作为儿童的自我中心式的谈话时,孩子并不想知道是对谁讲话,也不想知道是不是有人在听他讲。他或

第五辑 注重细节，拉近与客户的心理距离

者是对他自己讲话,或者是为了同刚好在那里的任何人发生联系而感到高兴。7岁以下的儿童就常沉溺于这种自说自话,且看两位4岁的儿童是怎样交谈的:

汤姆:今晚我们吃什么?

约翰:圣诞节快到了。

汤姆:吃烧饼和咖啡就不错了。

约翰:我得马上到商店买电子玩具。

汤姆:我真喜欢吃巧克力。

约翰:我要买些糖果和一双皮鞋。

这与其说是两人在对话,倒不如说是被打断了的双人独白。在推销双方的交谈中,有时也会出现这种现象。有的人习惯于喋喋不休急于要把自己心中所想的事情倾吐出来,而不顾及对方在想什么和说什么,以至于对方只能等他停下来喘口气时才有机会插进几句话。

真正的推销对话,应该是相互应答的过程,自己的每一句话应当是对方上一句话的继续。对客户的每句话作出反应,并能在自己的说话中适当引用和重复。这样,彼此间就会取得真正的沟通。

在推销过程中,要挑选客户最感兴趣的主题,假如你要说有关改进推销效率的问题或要把某项计划介绍给某公司董事会,那你就要强调它所带来的实际利益;你要对某项任务的执行者进行劝说,就要着重讲怎样才能使他们的工作更为便利。

推销中的幽默规则

日本推销大师齐藤竹之助说:"什么都可以少,唯独幽默不能少。"这是齐藤竹之助对推销员的特别要求。许多人觉得幽默好像没有什么大的作用,其实是他们不知道怎么才能够学会幽默。让我们先看看幽默有哪些好处。

销售心理学

　　那种不失时机、意味深长的幽默更是一种使人们身心放松的好方法,因为它能让人感觉舒服,有时候还能缓和紧张气氛、打破沉默和僵局。

　　如果你在推销的时候表现出色,那么客户也是很愿意从你那儿购物的。乔·吉拉德说:"我听到过很多人说他们对外出购车常常感到头疼,但是我的客户不会这样说。当我说与吉拉德做生意是一件很愉快的事情时,我相信这句话并不是毫无意义的。"

　　成功的推销员大多都是幽默的高手,因为他们知道幽默会减轻紧张情绪,是消除矛盾的强有力手段。在尴尬的时候幽默一下,不仅可以缓解气氛,还能让人感到你智慧的魅力。

　　一个缺乏幽默感的人是比较乏味的。在你的推销中融进一些轻松幽默不失为一种恰当的策略,同时它也能使你的生意变得十分有趣。否则,你的客户就会保持警惕,不肯放松。

　　一个推销员当着一大群客户推销一种钢化玻璃酒杯,在他进行完商品说明之后,他就向客户作商品示范:把一只钢化玻璃杯扔在地上证明它不会破碎。可是他碰巧拿了一只质量不过关的杯子,猛地一扔,酒杯碎了。

　　这样的事情以前从未发生过,他感到很吃惊。而客户们也很吃惊,因为他们原本已相信推销员的话,没想到事实却让他们失望了。结果场面变得非常尴尬。

　　但是,在这紧要关头,推销员并没有流露出惊慌的情绪,反而对客户们笑了笑,然后幽默地说:"你们看,像这样的杯子,我就不会卖给你们。"大家禁不住笑起来,气氛一下子变得轻松了。紧接着,这个推销员又接连扔了5只杯子都成功了,博得了客户们的信任,很快推销出了好多杯子。

　　在那个尴尬的时刻,如果推销员也不知所措,没了主意,让这种沉默继续下去,不到3秒钟,就会有客户拂袖而去,交易失败。但是这位推销员却灵机一动,用一句话化解了尴尬的局面,从而使推销继续进行,并取得了成功。

与客户思维保持同步

一位心理大师曾说,人们往往错误地以为我们生活的四周是透明的玻璃,我们能看清外面的世界。事实上,我们每个人的周围都是一面巨大的镜子,镜子反射着我们生命的内在历程、价值观、自我的需要。

心理学研究发现,人们在日常生活中常常不自觉地把自己的心理特征归属到别人身上,认为别人也具有同样的特征,如自己喜欢说谎,就认为别人也总是在骗自己;自己自我感觉良好,就认为别人也都认为自己很出色。心理学家们称这种心理现象为"投射效应"。

"投射效应"对推销最重要的一条启示是:保持与客户思维的同步,只有你的想法、行动与客户的一致,才能让客户更容易地接受你。

原一平提到,根据心理学的研究,人与人之间亲和力的建立是有一定技巧的。我们并不需要与他认识一个月、两个月、一年或更长的时间才能建立亲和力。如果方法正确了,你可以在 5 分钟、10 分钟之内,就与他人建立很强的亲和力。他认为,其中一个特别有效的方法是:在沟通时与对方保持精神上的同步。

所以,优秀的推销员对不同的客户会用不同的说话方式,对方说话速度快,就跟他一样快;对方说话声调高,就和他一样高;对方讲话时常停顿,就和他一样也时常停顿,这样才不会出现"各说各话"的尴尬情景。因为能做到这一点,就很容易和客户形成极强的亲和力,对各种客户应付自如。

除了思想上要与客户保持同步以外,还要吸引顾客的注意力。这对推销成功也是至关重要的。

销售心理学

有一个销售安全玻璃的推销员,他的业绩一直都维持北美整个区域的第一名,在一次顶尖推销员的颁奖大会上,原一平遇到了他,原一平问他说:"你有什么独特的方法来让你的业绩维持顶尖呢?"他说:"每当我去拜访一个客户的时候,我的皮箱里面总是放了许多截成15厘米见方的安全玻璃,我随身也带着一个铁锤子,每当我到客户那里后我会问他,'你相不相信安全玻璃?'当客户说不相信的时候,我就把玻璃放在他们面前,拿锤子往桌上一敲,而每当这时候,许多客户都会因此而吓一跳,同时他们会发现玻璃真的没有碎裂开来。然后客户就会说:'天哪,真不敢相信。'这时候我就问他们:'你想买多少?'直接进行缔结成交的步骤,而整个过程花费的时间还不到一分钟。"

当他讲完这个故事不久,几乎所有销售安全玻璃的公司的推销员出去拜访客户的时候,都会随身携带安全玻璃样品以及一个小锤子。

但经过一段时间,他们发现这个推销员的业绩仍然维持第一名,他们觉得很奇怪。而在另一个颁奖大会上,原一平又问他:"我们现在也已经做了同你一样的事情了,那么为什么你的业绩仍然能维持第一呢?"他笑一笑说:"我的秘诀很简单,我早就知道当我上次说完这个点子之后,你们会很快地模仿,所以自那时以后我到客户那里,唯一所做的事情是我把玻璃放在他们的桌上,问他们:'你相信安全玻璃吗?'当他们说不相信的时候,我把玻璃放到他们的面前,把锤子交给他们,让他们自己来砸这块玻璃。"

许多推销员在接触潜在客户的时候都会有许多的恐惧,不论我们接触客户的方式是电话或面对面的接触,每当我们刚开始接触潜在客户的时候,大部分的结果都是以客户的拒绝而收场。

接触潜在客户是必须要有完整计划的,每当我们接触客户时,我们所讲的每一句话,都必须经过充分的准备。因为每当我们想要初次接触一位新的潜在客户时,他们总是会有许多的抗拒或借

第五辑 注重细节，拉近与客户的心理距离

口。他们可能会说"我现在没有时间，我不需要"等借口，客户会想尽办法来告诉我们他们不愿意接触我们。所以接触潜在客户的第一步，就是必须突破客户这些借口，因为，如果无法有效地突破这些借口，我们永远没有办法开始我们产品的销售过程。因此，吸引顾客的注意力，是打开推销过程很好的方法。

抓住一切机会帮助顾客

推销员只有一种方法能超越竞争者，就是要尽可能地帮助顾客，这种帮助应是真心诚意而不期望回报的，这是一种自然关心他人的举动。经验证明，当一个推销员学会付出后，生意就会在门前等着他。

有经验的推销员，会经常将最新的信息送给顾客，这是助人的方式之一。一般人都会跟那些一直保持往来、又能提供最新讯息的推销员做生意，因为跟熟人做生意总是比较有保障的。

有一次，一位做保险的销售经理和一个新推销员一起拜访一位老是谈不成生意的准保户——一位餐厅老板。他们坐在餐厅里谈话，而那位老板得不时起身察看员工，和顾客打招呼或是帮忙店务。别说谈生意，连让他集中注意力听他们说话都很难。当经理想建议等打烊后再见面时，他的太太适时出现，接管了店务，老板放松下来，他们也跟着松了口气。

这位顾客的确有些棘手，他不断地说"不"。销售经理显然处于劣势。这是一种挑战，而且他必须向年轻推销员证明、再困难的推销都会有转机。所以这位经理不厌其烦地推销，而这个顾客还是一直说"不"。过了两小时，他们终于带走一份签了名的投保书。

第二天一早，秘书告诉经理，餐厅老板娘电话来。他猜想他可能逼得太过火了，老板娘一定是想解约。但这位太太却说："我一直等到我先生出门才能打电话来道谢，你不知道您帮了我儿子多

大的忙。我先生一定没跟你们讲他有赌博的习惯,我们家一直没有什么积蓄。现在至少我不用再担心孩子的教育费问题了,我一定会准时缴款的,真谢谢你。"这位经理非常惊讶竟是如此。

听了这些话,不光是新推销员学到了推销的经验,这位经理也得到一些新的启发,那就是不要完全相信顾客说的他为什么不买的原因。他也因此更加确信,专业的推销员经常在不知不觉中帮助了顾客。

如果你有机会帮助顾客,千万别错过时机。不论何时,顾客的心理大致上都是一样的。你经常帮助客户,会在无形中树立起顾客对你的信任。

从有益于客户的构想出发

为什么有的推销人员一直顺利成功,而有的推销人员则始终无法避免失败?因为那些失败的推销人员常常是在盲目地拜访客户。他们匆匆忙忙地敲开客户的门,急急忙忙地介绍产品;遭到客户拒绝后,又赶快去拜访下一位客户。他们整日忙忙碌碌,所获却不多。

推销人员与其匆匆忙忙地拜访10位客户而一无所获,不如认认真真做好准备去打动一位客户。即推销人员要做建设性的拜访。

所谓建设性的拜访,就是推销人员在拜访客户之前,要调查、了解客户的需要和问题,然后针对客户的需要和问题,提出建设性的意见,如提出能够增加客户销售量,或能够使客户节省费用、增加利润的方法。

一位推销高手曾这样谈道:"准客户对自己的需要,总是比我们推销人员所说的话还要值得重视。根据我个人的经验,除非有一个有益于对方的构想,否则我不会去访问他。"

推销人员向客户作建设性的访问,必然会受到客户的欢迎,因为你帮助客户解决了问题,满足了客户的需要,这比你对客户说"我来是推销什么产品的"更能打动客户。尤其是要连续拜访客户时,推销人员带给客户一个有益的构想,是给对方良好印象的一个不可缺少的条件。

王涛的客户是一位五金厂厂长。多年以来,这位厂长一直在为成本的增加而烦恼不已。王涛在经过一番详细的调查后了解到其成本增加的原因,多半在于该公司购买了许多规格略有不同的特殊材料,且原封不动地储存。如果减少存货,不就能减少成本了吗?当王涛再次拜访五金厂厂长时,把自己的构想详尽地谈出来。厂长根据王涛的构想,把360种存货减少到254种,结果使库存周转率加快,同时也大幅度地减少了采购、验收入库及储存、保管等事务,从而降低了费用。

而后,五金厂厂长从王涛那里购买的产品大幅度地增加。

要能够提出一个有益于客户的构想,推销人员就必须事先搜集有关信息。王涛说:"在拜访顾客之前,如果没有搜集到有关信息,那就无法取得成功","大多数推销人员忙着宴请客户单位的有关负责人,我则邀请客户单位的员工吃饭,从他们那里得到有利的信息。"

王涛只是稍做一点儿准备,搜集到一些信息,便采取针对性的措施,打动了客户的心。王涛正因为认真地寻求可以助顾客一臂之力的方法,带着一个有益于顾客的构想去拜访客户,才争取到不计其数的客户。

得体仪表和着装是赢得客户的前提

曾有两位男士,一位西装笔挺,另一位穿着沾满油污的工作服,在人行横道的红灯亮起而无过往车辆的时候穿越马路。结果,

跟在衣着笔挺的人之后的行人远远高于后者。心理学家也曾经做过关于外表影响力的实验,结果表明:第一印象的80%来自于着装。

所以说,服饰对于销售人员来说,就是商品的外包装。再好的商品,假如包装纸很粗糙,也会很容易被人误解为是廉价的商品。

日本销售界有这样一句很流行的话:若要成为第一流的销售人员,就应先从仪表服饰做起。对于销售人员来说,销售的成功始于销售自己,有效地推销自己,才能成功地销售产品。可见,掌握一定的着装技巧是非常有必要的。着装的基本要求是干净整洁,其次是有时尚感,并能恰当地显现个性的风采。

虽然有些销售人员看起来并不专业,也不是很会说话,但是就因为着装得体,每次和客户见面都能给客户留下很好的印象,因此销售业绩一贯都不错。事实上,一些很有能力且在销售过程中也能言善辩的销售人员,就因为他们在着装上十分随意,很难开发出新的客户,所以只能不断在他们的老客户那里打转,导致他们的销售业绩始终都很平庸。

有一次,一家公司的经理张明,与一个厂商开会,洽谈生意上的事。厂商派来开会的是三位男士和一位女士共四个销售人员,但是张明和他们一见面,认为四人中除了那位销售经理着装比较得体之外,其他三位销售人员的着装都让张明对他们的印象很差。

当时天气还没有到那种非穿厚衣服不可的地步。在这样的天气中,其中一位男性销售员却迫不及待地穿上了一件看起来非常时尚的黑色风衣,张明原本以为那位销售人员坐下来开会之后会把风衣脱下来,但是那位销售人员却在会议上一直穿着那件风衣,这种着装在张明的眼里,像极了一个电影演员。另一位男性销售人员则穿了一套浅黄色的西服,不知道是不是因为他只有这一套西服还是有别的什么原因,那浅黄色西服看似夏季的服装,与目前已经开始刮起凉风的秋天很不协调,而且他穿一件深绿色的衬衫

第五辑 注重细节，拉近与客户的心理距离

配上一条黑色的领带，这种穿着倒是有些潮流青年的时装味道，在张明的眼里，在那样的场合，这种打扮完全与其身份不符合。而那位女销售员的着装，则更加让人吃惊，她上半身的穿着打扮看起来还很职业化，白色的衬衫配黑色的西式外套，但是一看她的下装，则让人目瞪口呆，她竟然穿着一条皮质的黑色超短裙，脚上穿着一双黑色的长靴子，大腿上还可以清楚地看到带有花纹的黑色丝袜，显得非常性感。

而他们经理的仪表在三位销售员的衬托下就显得更加自信和干练。他穿着一套正式的黑色西服和白色衬衫，还有黑色花纹的领带。但是不管这位经理怎样穿着和打扮，都不能挽回公司的整体形象，因为公司的形象已经被这三位着装古怪的销售人员给破坏了。

由此可见，销售员的着装，往往是成功推销的一个非常重要的因素。因为职业是一种身份的象征，而着装又是销售人员的一种职业象征。因此，对于销售人员着装的要求是一种职业的必然，作为一家公司的销售人员，在着装上，如果都不能够符合一种职业的基本标准，那么客户对于这样的公司，是很难有太大信任的。

在商场中，的确有一些公司对销售员的"第一印象"并不太重视，不过，那是因为他们与自己的客户早已建立了一种良好的合作关系，然而这类公司却很难再开发出新的客户领域，所以销售业绩也难有突破性的增长。

人与人之间在交往的过程中，第一次给对方留下的印象，往往能在对方的头脑中形成一定的主导地位。这个第一印象的影响，不但很强大且持续的时间也比较长，对以后事物的发展造成一些影响的可能性非常之大。这个影响是积极的还是消极的，很大程度上在于你留给别人的第一印象。因此，几乎所有的人都希望给别人留下良好的"第一印象"。在销售过程中，销售人员的第一印象也是十分重要的，你在客户眼里的一切，都在一定程度上反映出

你的内在修养和人格特质。

销售是永远都要与客户近距离接触的一种职业,当销售员初次与客户见面时,客户没有精力和时间去了解你的相关情况。在一般情况下,你的第一印象是决定客户能否记住你或者对你感兴趣的关键因素。如果你希望给客户留下良好的第一印象,着装和仪表则很重要。得体的仪表和着装,能给客户带来美好舒适的感觉,良好的第一印象,往往能够帮助销售员在与客户建立关系初期就可以拉近与客户之间的距离,为之后完成销售计划节省大量时间以及减少不必要麻烦。

销售人员应该怎样着装才算得体呢?

通常情况下,西装革履是一种很好的选择,因为这种着装打扮给人一种自信、干练、有魄力的感觉。但不是任何时候都适合穿着西装去销售的,要根据不同的拜访对象选择穿不同的服装,因为假如销售员与客户之间着装反差太大的话,就会在无形中拉开双方的距离。有专家曾说:最好的着装方案就是只比客户穿得好"一点儿",这样既能体现对客户的尊重,又不会拉开双方的距离。例如,建材销售人员经常要拜访设计师和总工程管理人员,对前者当然要西装笔挺以表现你的专业形象,对后者如果也这样着装就很不协调。由于施工工地环境特殊,工作人员一般多穿工作服。所以,对于销售员来说,见什么客户就穿什么样的衣服,才能在无形中拉近与客户的距离,才能让客户对你产生好感,这才是获得成功的前提。

寻找彼此间的共同点

在日常生活中,一个人在表情、服饰、谈吐、举止上的表现,往往都会不同程度地反映出这个人的心理状态、精神追求、生活爱好等。所以,只要你善于观察,就会发现你们之间的共同点。在销售

第五辑 注重细节,拉近与客户的心理距离

中也是如此,销售人员要找出你与顾客之间的相同点,就能更好地拉近你和客户之间的心理距离。

例如,一个年轻男子走进了商场里的一个专卖店,这时,他看到一套感觉很适合自己的休闲服,但还是有些犹豫,一个善于察言观色的销售员看到了,于是走过来跟他聊了起来:

"您长得真像周星驰,一定是个幽默的人吧。"

"呵呵,星爷啊,是我偶像啊!"

"真这么巧,我也很喜欢星爷的,星爷的电影真是太经典了!"

"是啊,我也超喜欢星爷的电影,尤其是《功夫》……"

"哇,真是英雄所见略同啊,我也超喜欢这部!"

"哈哈,看来咱们还挺有缘分。"

"怪不得你看中这套衣服了,这套衣服跟星爷穿的风格真是太像了!"

"是吗?"

最后,销售人员不但顺利地卖出了这件价格不便宜的衣服,而且还说服这个顾客买走了一条迷彩休闲裤,其理由就是周星驰曾经这样穿过。

被誉为美国销售首席官、销售之父的杰弗里·吉特默说:"如果你找到了与潜在客户的共同点,他们就会喜欢你、信任你,并且购买你的产品。"

事实上,人们通常更愿意与容易相处的人做生意,特别是那些与客户初次见面,就找到彼此的共同点,并能够很快消除彼此紧张感和陌生感的销售人员。

所以说,消除人与人之间距离的最好方法就是寻找双方的共同点,并以此拉近自己和客户的距离。例如,当你在拜访一个球迷的时候,就可以跟他聊起最近的精彩球赛,他一定会喜笑颜开的,你可能会成为他的铁杆"球友";对于一个痴迷的"彩民"而言,没有什么可以比中大奖更能让他感兴趣的,如果你将自己看中的那个

号码告诉他,你可能就成了他的上帝了。因此在销售的过程中为自己和客户制造共鸣是很重要的,在这个共同点的基础上,你们之间的距离就会越来越近。

张先生是一家公司的销售部经理,一次他去山西旅游,来到一家餐馆准备就餐,可是餐馆的人已经满了。看到这样的情况,张先生想了想还是走吧,可在无意之中,他发现靠角落的一张桌上还有一个空位置。稍微犹豫了一下后,张先生还是走了过去,并主动向坐在旁边的先生亲切地打招呼:"这位先生,您好!"对方有些诧异,但还很有礼貌地回应。张先生问:"请问这位子有人吗?"对方说:"没有。"张先生便说:"我可以坐在这里吗?"对方很爽快地就请他坐了下来。

张先生坐下来之后,看着对面那位先生说道:"我今天刚坐飞机到这里。这里的景色真是优美,感觉整个人都平静了很多。"对方说:"是啊,那你去过五台山吗?我家就在那里,那里的景色更值得一看,很多电视剧就是在那儿拍的。"接着,他同张先生谈起了山西的风土人情、自然景观,之后又给了他一张名片,原来他是某大公司的业务主任。

张先生也拿出自己的名片递了过去,这位业务主任看到张先生的名片,很惊喜地说:"啊!原来你在广告公司工作啊!看来真是太有缘了!是这样,我们公司想在北京成立一个办事处,正想找一个广告公司合作呢!"张先生一听也高兴了,于是两个人把谈话的地点换成了酒店客房,后来对方竟然与张先生达成了一个上百万元的交易。

所以,对于销售人员来说,最难的就是在和客户交流的过程中,找不到共同话题。如果有了共同话题,那么双方的交流和沟通就会变得更加顺利。

销售人员如何才能找到与客户之间的共同点呢?

第五辑 注重细节,拉近与客户的心理距离

一、从客户的口音中找到共同话题

我们通常从客户的说话口音中,可以了解到客户的出生地以及生活习性。销售人员大可直接通过客户的口音猜测他是哪里人。假如猜对了,两个人就有了共同的话题。就算猜错了,也没关系,因为这时客户一般都会告诉你他是什么地方的人,这样你们还是可以找到共同的话题。

销售员小李见到客户时,简单问候之后就说:"听您的口音,好像是四川人吧?"客户点头说是。小李说:"我是重庆的,您呢?"客户说:"我是成都的。"小李说:"四川好啊,四川有九寨沟,我去年去过一次,真是名不虚传啊!"气氛一下就此融洽了很多,于是,他们亲切地交谈了起来,等到小李起身告辞时,他们已经是熟悉的朋友了,客户还说有时间欢迎小李到他家做客。

所以说,一个优秀的销售人员应该是一个善于观察和学习的人。

二、从共同爱好中寻找话题

一次,某大公司的一个销售经理应约来到客户家里,看到客户书架上有很多书,特别是有很多关于兵法的书籍,所以,在与客户聊天的过程中,他谈起了自己的爱好之一——读书,尤其是喜欢读《孙子兵法》一书。客户一听就来了精神,说他也最喜欢这本书。于是他们就从兵法谈到生意,谈得竟然忘了时间,不知不觉就到了晚上,结果还在一起吃了晚饭。

三、关心顾客并从顾客需求入手

销售人员在拜访顾客之前,就需要充分地分析出顾客最主要的需求是什么,如果从一开始就抓住顾客急需解决的问题,那客户一定愿意与你继续谈下去。假如你与顾客刚见面,就滔滔不绝地推销你的产品,顾客不但不会购买你的产品,恐怕连自我介绍的机会也不会给你。

一天,保健品推销员小王到一个公园推销时,看到一位孕妇和

一位老太太坐在草坪边的长椅上，于是小王走过去假装不经意地问："你们长得真像。是一对母女吗？"于是老太太笑着说："是啊，我女儿马上就要生孩子了，我专程从老家过来照顾她。"

这时，小王亲切地提醒那位孕妇："不要在椅子上坐太长时间，这在一定程度上对身体有损伤，特别是怀了宝宝的时候，等小孩生下更要注意不要受寒。"然后又给老太太说："现在很多年轻人都不会注意这些，因此很需要您提醒和照顾。"老太太说："就是，就是，现在的年轻人啊，你跟她说的她都听不进去。"就这样，他们从怀孕聊到生产时的注意事项，又聊到生产后的恢复和保养，最后还说到老年人的保健方法，聊得很是高兴。事实上，那对母女早就开始看小王随身携带的产品以及产品资料了。

寻找共同点的方法还很多，如从相同的生活环境、工作任务、行路方向、生活习惯等入手，同时也可以从与顾客有的共同物品中寻找共同话题，从顾客的着装来寻找共同话题，从与顾客的家庭存在共同点方面寻找共同话题，从与客户的共同遭遇中寻找共同话题……

总之，只要你仔细观察，就一定可以找到你与陌生潜在顾客间的共同点，并以此打破尴尬的气氛。如果能把客户与你的一些共同点加以扩大，就能获得更好的说服效果。对销售人员来说，唯一目的就是消除顾客的心理隔阂，巧妙地化解他们的偏见，让顾客愿意接纳你，从而接受你的产品。

让客户先挂电话

在当今社会，随着现代通信技术的日益发展，电话销售已经在现代社会中成为一种十分普遍的现象。所以从事电话销售的人只需要坐在办公室里，拿着电话就可以向顾客推销产品，这种销售方式不但迅速快捷，同时也可以节省很多销售成本。

第五辑 注重细节，拉近与客户的心理距离

虽然销售人员天天都在打电话，但通话结束后怎么挂电话这个细节，却并没有引起大多人的注意。人们往往会这样想：谁先打电话的，谁就先挂电话。其实这是销售的一个误区。事实上，通过把握好挂电话这个小小的细节，能够提升自己的个人修养，同时养成良好的挂电话习惯，更有助于提升你的个人魅力，所以记得永远让对方先挂电话。

相对于销售员来说，客户可以先挂你的电话，但是你绝不能先挂客户的电话，这是一个礼节问题。从文明礼貌的角度来说，被挂电话的一方总会有一种失落感，而让对方先挂电话的人则显得更加有涵养。

成功的销售人员都知道，无论对方的态度是多么恶劣，也都要让对方先挂电话，直到电话里传来忙音后，你才可以挂上电话。虽然这是个很容易被人忽视的小小细节，但往往就是这么个小的细节，决定着销售的成功和失败。

陈欢是一家销售公司的主管，他在该公司做了很多年的销售工作，因此在销售方面有着十分丰富的经验。所以，公司领导就让陈欢负责公司的培训工作。有一次，陈欢的一个学生向自己抱怨，说自己有一个大客户都已经跟踪好几年了，前几天好不容易答应签单，可是不知道什么原因，这位客户在签单前不久改变了主意。这位学生百思也不得其解。陈欢为了弄清真正的原因，便向学生要了这位客户的联系方式。经过多次通话后，这位客户才告诉了陈欢，说"你们公司的这个销售人员根本就没有诚意跟我合作"。

听了客户的这番话后，陈欢感到更加纳闷。这个学生不仅形象好、反应快、说话条理清楚，同时还是自己重点栽培的对象，很有做销售员的潜质，并受过专业的销售训练，他们的工作任务就是说服客户与公司合作，所以学生又怎么可能没有与客户合作的诚意呢？再说假如学生没有跟他合作的诚意，怎么会白白浪费几年时间的心思进行跟踪呢？

接下来,陈欢带着这些疑问开始观察这个学生。刚开始的几天里,他没有发现学生有任何的问题。后来有一天,他才发现学生用电话与客户说完后,就"啪"的一声将电话挂断了。而后,他又再次用电话与其他客户交谈,最后又是这样用力地挂上电话。至此,陈欢终于彻底弄清了他之所以会失去那个大客户,就是因为他一直以来都没有重视挂电话的细节。

于是,陈欢把这个学生叫来了解情况。他这才知道,学生不仅会用力将客户的电话挂掉,而且在与客户说完后,对方还没来得及跟他告别时他就已经先挂了电话,客户说学生没有诚意合作的根本原因就在这里。

毕竟因为接听电话而失去重要客户是一件很不划算的事。所以,即使你手头有很多工作要做,也不可在接听电话时让对方有不耐烦的感觉,特别是当你接到抱怨你的工作或公司情况的电话时更要非常耐心地倾听,让对方把话说完,然后再一起分析问题的根源,并平心静气地与对方商量可行的解决办法,这样一来,不仅留住了客户,同时还给客户留下很好的印象。

在一般情况下,销售人员都很少会注意到在交流结束后,要让对方先挂电话以及控制好挂电话的力度。对于销售人员来说,就算心情再不好,但为了工作,他们还是会控制住自己的情绪,可对于怎样挂电话,谁先挂电话,他们往往不以为然。甚至一些销售人员还把用力挂电话作为了一种情绪宣泄的途径,却不知道这会给被挂电话的人留下极其不好的印象。试想一下,当愉快地结束了一段商业交流时,双方依照应有的礼仪相互道别之后,随即就听到"啪"的一声对方放置话筒所产生的刺耳声音,这会让对方产生什么样的想法,是你对这次谈话十分不满吗?或是你觉得谈话很烦呢?因此,对方就会对于你之前谈话时表现出来的诚意及良好印象心存疑虑。同时这也会让对方认为你在处理事情时,一定是粗心大意的。这样一来,对方可能就会对所商谈的合作事宜产生一种不信任的心理。

作为电话销售人员,尤其要记住的是:永远让客户先挂电话。对于销售人员来说,顾客就是上帝,这不仅要表现在口头上,更要时刻铭记于心。电话交谈结束时,一般情况下,是由打电话的一方说结束语,然后相互客气地道一声"再见",再挂电话,绝对不能只顾自己讲完就挂断电话。当说完"再见"放下电话听筒时,不要直接把听筒放回话机,而要用另一只手先轻轻地按下压簧,确认电话已经被挂断后,再把听筒放好。千万不要用力一摔,让对方大惊失色。

相信大多数人都遇到过这种情况,当打完电话,刚要向对方道别时,"再见"还没说出口,对方就已经挂断了电话,不管对方是谁,此时心里肯定不会好受。还没有跟对方道别,就直接挂电话,这是一种很不礼貌的表现。如果让客户先挂电话,这就是对客户的尊敬和重视,尽管这是一件很小的事情,不但能直接反映出一个人的修养和素质,同时也是你这次销售能否成功的关键所在。

所以,对于销售员来说,要记得永远比客户后放下电话。

☙ 守时可以赢得订单 ❧

在这个世界上,德国人可以说是最有时间观念了,不管是去上班还是赴约,他们都会把时间精确到分钟,绝不浪费时间。有人也曾说过这样一句话:"谁对时间最吝啬,时间对谁最慷慨。要时间不辜负你,首先你要不辜负时间。放弃时间的人,时间也放弃他。"

所以说,时间对于我们每一个人来说,都是极其珍贵的。

对于销售人员来说,时间便意味着成功。在销售过程中,也许客户给你几分钟说话的时间,这几分钟就可以让你赢得一份订单。当你去拜访客户时,你的准时赴约,就能给客户留下一个好的印象,也许就是凭着这种好印象,你就赢得了客户对你的信任。

"对不起,因为堵车来晚了。""刚才来的路上车坏了。""不好意思,我对这里的路不太熟悉,所以迟到了。""第一次来这里,抱歉,刚才走了很多冤枉路,来晚了。""不知道附近有什么近路可以走,所以……"面对以上的种种情况,可能大多数的人都曾深有体会。但是对销售人员来说,一次未能准时赴约则有可能错失一笔价值不菲的订单。

因此,作为一个销售人员一定要准时赴约,因为迟到意味着你不尊重客户的时间。迟到是没有任何借口的,假使无法避免迟到的发生,你也必须在约定的时间之前打通电话过去道歉,再继续未完成的推销工作。

小杨是一家空调公司的销售人员,一次,他来到一家公司推销产品。他见到公司的经理时介绍道:"经理,您好,我是空调销售人员小杨。""你好,请问你有什么事吗?"于是,小杨就开始推销自己的产品,他说:"我们公司最近推出了一款新的空调,这款空调不管是从省电、价格、环保还是噪声方面,都是市场上没有的,不知道您对这款新产品有没有兴趣?"经理犹豫了一下说:"好的,你把新产品的资料拿来给我看看吧。"销售员小杨再次问道:"那您什么时候有时间呢?""就明天上午9点钟吧。"

第二天上午8点半的时候,小杨就开始从公司坐车前往客户的公司。正当小杨想着"今天一定可以达成交易,到时候又可以提升业绩"时,公交车却出问题了,最后小杨不得不坐出租车,可是又遇上堵车,等小杨把资料送到客户办公室的时候,时间已经超过了约定的时间,而经理在几分钟前就已经离开了。

后来,小杨给客户打了好几次电话道歉,并说明自己迟到的原因,但是客户却不给他任何机会。就这样,原本快到手的订单就这样没了。如果小杨能按时赶到客户的办公室,那么这份订单是十拿九稳的。

因此,销售人员在约好客户见面前,规划好你的路线、交通工

第五辑 注重细节，拉近与客户的心理距离

具，同时计算好时间是很有必要的。先要把时间安排好，同时也很有必要将突发事件可能耗费的时间也计算进去，并且要考虑到其他因素。一般情况下，计算时间都采用倒推的方法。如你与客户约9点见面，那就要在8：45分左右到，考虑到路上一般为45分钟，所以你8点钟必须出发，假如时间允许的话，最好在7：45就出发，因为此时为上班高峰期。

但就算销售人员经验再丰富，也不可能做到每次都是准时的。当我们预计可能会迟到的情况下，一定要尽量提前通知客户，而且最好告知你预计推迟的时间，同时对自己没能守时表示诚恳的歉意。最好，能买一个符合你身份的机械手表。既有助于你养成守时的好习惯，也能让你在客户面前显得更加专业。

假如一位销售人员提前就预约了客户见面，但是自己却姗姗来迟，让客户在约定地点等得很不耐烦，要是销售人员没有特殊的事情，这样的情况，对于任何客户而言，一定会感觉到你不重视他，所以你要想跟这位客户达成销售也就不太可能。显而易见，守时是非常重要的，守时就表示出你很尊重对方，当客户到来时，就见你早已等候多时，就算你不说客气话，也会使对方感动，所以这也是感化对方的最好方法之一。

在销售过程中，销售人员访问客户的最佳时间，如何才能把握得恰到好处呢？

销售人员可以在拜访客户之前先用电话与客户预约见面的时间和地点，预约好以后，也要比客户先一步到达约定的见面地点。

如果没有预约就直接去拜访客户，客户很有可能抽不出时间见你，同时这对销售人员而言也是很不划算的。

还可以找出拜访客户的最佳时机。所谓拜访客户的最佳时机，也就是潜在的客户能够与你见面的时机，同时也是他愿意与你达成交易的时候。

在这个世界上，因为我们没有好好把握和执着追求，与我们擦

肩而过的大好机会可以说是不计其数,最后让我们白白地错失良机。其实,在销售过程中也是如此,销售人员能成功地促成销售大多与时间有关,而这种时间也能带来时机,因为只有在这个时间段内与客户交谈,成功的可能性才最大。所以,假如我们不能好好地把握住,时机将转瞬即逝。

销售人员一定要记住,你的时间是珍贵的,客户的时间也同样珍贵。作为销售人员应该是一个遵守时间的人,这样,你才能赢得客户的信任,最终达成销售目的。

用踢猫效应拉近与客户的距离

俗话说"爱屋及乌",也就是说因为爱一个人而连带爱他屋上的乌鸦。常常形容人们对某人爱得很深,以至于爱上了与此人相关的一切人和物,在心理学上把这种对特定对象的情感迁移现象称为"踢猫效应",也叫作"移情效应"。实际上,说的就是一个人的主观情绪很容易波及他人身上,但这种主观情绪在很大程度上表现为"迁怒"。在人们的生活和工作中这种效应随处可见,它的威力不容小视。

某公司的一位老板由于闯红灯,被警察扣了驾照,还开了罚单,所以老板心里十分不快。当他刚到公司的时候,业务经理就说:"老板,最近快到手的那笔大买卖没谈成。"老板气急败坏地训斥道:"快到手的生意都丢了,你这个业务经理是饭桶吗?"

业务经理被老板训斥后,气冲冲地回到了办公室。

这时,助理进来告诉他,半小时后有个重要的临时会议需要他参加。这时业务经理问助理:"我让你打印的那几份文件完成了没有?"助理说:"还没有,因为打印机坏了。""打印机坏了,不会找人来修理吗?不要没完成好工作就总找什么借口,不要以为自己在公司干了很多年了,就不会被解雇。"

第五辑 注重细节，拉近与客户的心理距离

助理心里很是气愤，心里想："在公司的这几年，我尽心尽力地为公司工作，不就是几份无关紧要的文件没有及时打印出来吗？用解雇来威胁我，谁怕呀，我还不想干了呢！"助理下班回到家后，看到儿子坐在电脑前打游戏，一身脏兮兮的，衣服也被刮破了，便恼怒地吼道："叫你放学后早点回家，你又到哪里疯去了？是不是又想挨打了。"儿子心里很是不满，就生气地跑回了自己的房间，心想："也不听我解释，不就是踢了会儿球吗？至于对我发这么大的脾气吗？"

儿子正在气头上时，跑过来一只猫，他便狠狠地把猫一脚踹开，并怒吼道："滚开，你这只死猫！"猫从阳台上掉了下去，正好砸在了来找助理的老板头上……

这个故事不仅看起来十分有趣，同时也给我们带来很多启示。在通常情况下，情感的迁移会产生很多不可思议却又合乎情理的效果，人类的情绪就是这样妙不可言。这种"移情效应"同样也可以运用到销售中。

因此销售人员要学习和掌握这种移情作用，再恰到好处地运用这种作用与客户拉近距离。在销售过程中，如果客户对与销售人员有密切关系的人或物产生了强烈的情感，那么客户就会把这种情感转移到销售人员及其销售的产品或服务上来。这对销售工作来说就会起到事半功倍的效果。

当欧洲空中客车公司准备进军印度市场时，为了在这片新的领域上占有一席之地，就让在印度土生土长的推销人员拉提埃来负责新市场的开发工作。

然而，这对于拉提埃来说并不是一件容易的事情，尽管拉提埃是一位非常优秀的销售人员。因为客户拉尔将军对他的态度十分冷淡，甚至连一次面谈的机会也不给他。但是，拉提埃并没有因此而放弃，在他多次的努力下，拉尔将军终于愿意给拉提埃五分钟的面谈时间。

那天，当双方见面时，拉提埃就把自己也出生于印度的事情告诉了拉尔将军，将军听后有些吃惊，两人之间的谈话也亲密了一些。接着拉提埃又回忆起自己小时候曾受印度人民照顾的事情，并表达了自己对印度的热爱之情。这种真挚的感情和由衷的谢意，让拉尔将军非常感动，于是，他渐渐地对拉提埃产生了好感。

接着，拉提埃恭敬地将一张颜色泛黄的合影照片送到了拉尔将军的手里，原来他带来的这张照片正是他同印度民族领袖甘地的合影，照片上的那个小男孩正是拉提埃，当时，在他们全家回国的途中，有幸遇到了这位民族英雄，才有机会与他一起照相留念。于是，拉提埃借此良机便征服了对方。同时拉提埃告诉将军，这次来到印度，他之所以把甘地先生的照片带在身上，是因为还有一个重要的任务，就是要去拜谒圣雄甘地的陵墓。这时，拉尔将军对甘地的深厚感情被拉提埃完全地激发出来了，对于这样一个热爱印度人民、崇敬民族英雄甘地的人他怎么会拒绝呢？于是，拉尔将军彻底敞开心扉与拉提埃友好地谈起了生意。

从这个故事可以看出，正因为他们有共同熟悉的生长环境，所以才会一见如故。在心理学上把谈话双方的共同生活环境、经历、身份地位、兴趣爱好、思想逻辑以及共同熟悉的人或物，称为双方的"共同意识"，当谈话双方建立起这种共同意识后，就会产生一见如故的感觉，从而欣赏、信任对方。所以，销售员可以积极利用"移情效应"，可以事先了解客户的基本情况，如客户所喜欢或感兴趣的人或物。同时在销售过程中也要留心观察客户的言行举止、衣着服饰、工作环境、家居摆设等，通过观察求证来减小误差，创造令客户产生"移情效应"的条件，拉近与客户之间的关系。

在生活中，常常都会有一些人会因为共同的兴趣爱好而走到一起，共同的喜好可以拉近彼此之间的距离。如古人"以酒会友""以文会友"等，都是因为人们爱喝酒或都爱文学而建立了很好的朋友关系，这些都是"移情效应"的一种表现形式。

因此，销售人员在销售中要善于利用"移情效应"，针对客户的兴趣投其所好地进行销售活动。如将客户对某物或某事的情感转移到自己及其所销售的产品上来，引导客户产生兴趣，当销售人员与客户所喜欢的事情或人存在某种良好的相关联系时，客户就会爱屋及乌，对销售人员产生同样喜好的情感。这是以客户所喜欢的人或物为媒介，使客户将同样的情感转移到销售员身上，从而拉近与客户之间的距离，最后达到销售的目的。

移情看起来简单，实施起来却并不容易，同时风险也是相当的大。不能全凭运气而要用得恰到好处，特别需要注意的是那些比较恶劣的情感和态度会产生恶劣的"移情效应"。所以，销售员在利用时要避免不良的"移情效应"对客户产生负面影响。

记住客户的名字

记住客户的名字和称谓很重要。

卡耐基小的时候，家里养了一群兔子，每天找青草喂兔子成了他每日固定的工作。但当时家中并不富裕，他还要代替母亲做其他的杂事，所以，实在没有充裕的时间找到兔子喜欢吃的青草。因此，卡耐基想了一个办法：他邀请了邻近的小朋友到家里看兔子，要每位小朋友选出自己最喜欢的兔子，然后用小朋友的名字给这些兔子命名。每位小朋友有了与自己同名的兔子后，每天都会迫不及待地送最好的青草给自己同名的兔子。

名字的魅力非常奇妙，每个人都希望别人重视自己，重视自己的名字，就如同看重他本人一样。

1898年，美国纽约石地乡有一个名叫吉姆的男孩，他的父亲意外去世后，他为养家到砖厂去工作，任务是把沙摇进模型中，然后将砖放到一边，让太阳晒干。这个男孩从未有机会接受过教育，但他有着爱尔兰人乐观的性格和讨人喜欢的本领，后来他开始参

政,多年以后,他养成了一种非凡的记忆人名的奇异能力。他从未见过中学是什么样子,但在他46岁以前,4所大学已授予他学位,他成了民主党全国委员会的主席,美国邮政总监。

记者有一次访问吉姆,问他成功的秘诀。他说:"若干。"记者说:"不要开玩笑。"

他问记者:"你以为我成功的原因是什么。"记者回答说:"我知道你能叫出1万人的名字来。"

"不,你错了,"他说,"我能叫出5万人的名字!"

销售人员在面对客户时,若能经常流利地以尊重的方式称呼客户的名字,客户对你也会越有好感。专业的销售人员会密切注意,潜在客户的名字有没有被媒介报道,若是你能带着报道有潜在客户名字的剪报拜访你初次见面的客户,客户能不被你感动吗,能不对你心怀好感吗?记住客户的名字,客户才会记住你。

学会以客户为中心

你是怎样给你的客户打电话的?我们通常看到的情形是:整个过程你只是拿起话筒,开始给那些素未谋面的陌生人打电话介绍你的产品,一个又一个、一次又一次,直到自己都反感了为止,常常在别人吃饭的时候打电话,说话就像在读稿子,那些夸张、啰里啰唆的言语使得别人的脑袋嗡嗡作响,那么你和大多数的销售员没有什么区别。你就是那些令人讨厌的电话推销员。

作为一名销售人员,需要用电话的方式联系客户时,我们大都会选择这样的方式:"您好,我是×××,就在这个街区的一家咨询公司工作。我公司是一家一流的销售顾问服务公司……我非常愿意和您约个时间好好谈一谈,更多地了解您在这方面的需要,同时向您介绍该服务的详细情况,请在您方便的时候联系我,我的电话是……期待与您会面。"

第五辑 注重细节，拉近与客户的心理距离

想一想，这样千篇一律的电话内容引发对方兴趣的概率有多大？你有没有考虑过对方的感受？把自己放在客户的心理角度，如果你听到这样一番话，你会有购买产品或服务的欲望吗？

用这样的方式做销售的人只要一有机会就会向客户介绍自己的产品和服务，不管这些东西对客户到底有没有用处，也不管客户是不是真的需要，这就是一种以自我为中心的销售方式。相信任何一位客户都不会喜欢这样一种忽略客户方的销售方式。也就是说，在当前这样一种更讲究效率、效益的商业环境下，这种销售方式是行不通的，我们得好好用点心，琢磨一下这电话该怎么打。你可能一直不明白，为什么有些销售人员总是能够成功，总是能从那些大公司手里获得一个又一个项目，得到一批又一批订单。或许，他的产品未必比你的好，没有比你提供更多的服务，没有采取降价策略，没有精彩的促销活动，也没有比你多很多的销售经费，更难以让人接受的是，他所在的公司也不是那种响当当的著名公司。那他成功的诀窍究竟在哪里呢？

他只是成功地"解开了客户公司的密码"，与客户公司的关键决策者成功地进行了会谈而已。当然，你也可以这样做，只要用心体会，认真去做，你就知道这其实并不难。

你需要由"以自我为中心销售"向"以客户为中心销售"转化。

仔细留心你会发现，很多优秀的销售人员在会见客户前会花相当多的时间和精力进行充足的准备工作，全面收集客户的资料，深入研究客户的业务情况，对客户关心的问题深思熟虑，早在见客户之前他就主动展开了细致周到的服务，时时处处以客户为中心，正是这种品质决定着他与客户互动的效果。

而"以自我为中心"的销售人员会急于将手里的东西尽快出手以获得收益，这样没有人会与他联系的。成功的推销员非常清楚这一点，非常了解客户的这些想法，所以我们要一切从客户的角度出发，弄清楚客户的所想、所感、所需，解开他的需求密码，才有可

能研究出真正行之有效的销售策略,进行一对一的、有效的销售活动。

请记住,以自我为中心的传统销售方式只会让客户觉得你是个唯利是图的卖家。还有,我们要想走入客户的心里,就需要全新的以客户为中心的销售模式。

微笑是你的第一张名片

微笑比语言更有魅力,微笑表示的是"你好""我喜欢你""你使我感到愉快""我非常高兴见到你"。

一家纽约大百货公司的人事经理说,他宁愿雇用一个有可爱笑容而没有念完中学的女孩,也不愿意雇用一个板着面孔的哲学博士。

卡耐基鼓励学员花一个星期的时间,训练每时每刻对别人微笑,然后再回到讲习班上来,谈谈所得的结果。情况如何呢?我们来看看威廉·斯坦哈写来的一封信。他是纽约证券股票市场的一员,他的信给我们提供了一个很有代表性的例子。

斯坦哈在信上说:"我已经结婚18年了,在这段时间里,从早上起床到我上班的时候,我很少对妻子微笑,或对她说上几句话,我是百老汇最闷闷不乐的人。"

既然你要我以微笑取得的经验发表一段谈话,我就决定试一个星期看看。因此,第二天早上梳头的时候,我看着镜中的满面愁容,对自己说:"今天要把脸上的愁容一扫而光。你要微笑起来,现在就开始微笑。"当我坐下来吃早餐的时候,我用"早安,亲爱的"跟妻子打招呼,同时对她微笑。

"你曾说她可能大吃一惊。你低估了她的反应。她简直被搞糊涂了,惊诧万分。我对她说,你以后会习惯我这种态度的。现在已经两个月了,这两个月来,我们家得到的幸福比以往任何时候都

第五辑　注重细节,拉近与客户的心理距离

多。

"现在我去上班的时候,就会对大楼的电梯管理员微笑地说'早安';我也微笑着和大楼门口的警卫打招呼;当我跟地铁的出纳小姐换零钱的时候,我微笑;当我站在交易所时,我会对那些从未见过我微笑的人微笑。

"我很快发现,每一个人也对我报以微笑。我以一种愉悦的态度对待那些满腹牢骚的人。我一面听着他们的牢骚,一面微笑着,于是问题很容易就解决了。我发现微笑给我带来更多的收入,每天都带来更多的钱。"

微笑是一张奇妙的通行证,常常面带笑容的人总是比面若冰霜的人更易交到朋友,更易获得他人的好感。有谁愿意终日与一个非常严肃而冷漠的人为伴呢?

有人做了一个有趣的实验,以证明微笑的魅力。

他给两个人分别戴上一模一样的面具,上面没有任何表情,然后,他问观众最喜欢哪一个人,答案几乎一样的:一个也不喜欢。因为那两个面具都没有表情,他们无从选择。

然后,他要求两人把面具拿开,现在舞台上有两张不同的脸,他要其中一个人把手盘在胸前,愁眉不展,并且一句话也不说,另一个人则面带微笑。

他再问每一位观众:"现在,你们对哪一个人最有兴趣?"答案也是一样的,他们选择了那个面带微笑的人。

卡耐基说过:"笑是人类的特权。"微笑是人的宝贵财富;微笑是自信的标志,也是礼貌的象征。人们往往依据你的微笑来获取对你的印象,从而决定对你所要办的事的态度。只要人人都面带微笑,人与人之间的沟通将变得十分容易。

法国春天百货商店是世界著名商店之一,它以其尽善尽美的服务闻名于世。走进商店,映入眼帘的皆是琳琅满目的商品,当顾客需要服务时,微笑的小姐总能适时出现。在这里,顾客感受到的

是温馨和人间最美好的东西，无论购不购物，都会十分愉快。顾客的一切要求，在这里都会得到店员充满微笑的满意答复。因此，有人说不到"春天"，就感受不到真正的巴黎。

纯净的笑容确实是世界上最美丽的事物。中国人爱说"和气生财"，也常说"伸手不打笑脸人"，可见常常微笑对于人际交往的重要性。

认同心拉近与客户的距离

商务电话沟通成功的第一步，就是建立亲和力。如果你能时刻表达你认同客户的观点，就很容易拉近你们之间的距离。一般情况下，表达你的认同心有以下几种方法。

一、语音和语速同步

语音和语速同步就是指说话快慢要跟客户同步，客户说话快你也要快；客户说话慢你也要慢；客户急，你也要急。视觉型的人，用视觉型的模式跟他沟通；感觉型的人，用感觉型的模式沟通；听觉型的人，要用听觉型的模式跟他沟通。与客户通话时，我们就可以判断出他可能是哪一种类型的人。如果是视觉型的人，我们讲话的速度就要快一点；如果是感觉型的人，讲话速度就要慢一点儿。对听觉型的人，我们就要用听觉型的词汇跟他沟通。

二、情绪同步

情绪同步可以进入对方的内心频道，这样你会发现对方拒绝的机会会大大减少。要做到与客户情绪同步，就要设法进入对方的内心频道，从对方的观点、出发点和角度去思考，去判断，去行动，去选择，去决定，去联想。如果我们能站在对方的立场为对方考虑，我们就有可能跟对方关系更亲近，让对方觉得被了解，被尊重。因为被人关注和尊重是人类共同的需求，我们由此也能与客户建立更密切的关系。

三、生理状态同步

面对电话,我们无法看到对方的面部表情,也无法看到对方的肢体动作,可是我们会在大脑中创造一幅画面,这幅画面可以描绘出对方是站着给我们打电话,或坐着给我们打电话,抑或具有不同的生理状态,包括呼吸、表情和动作。

在打电话的时候,我们能够听到对方的呼吸。假如你听到对方呼吸很微弱,就可以据此判断对方可能生病或患感冒。高明的沟通者可以听出对方的呼吸是均匀的还是不均匀的,是快还是慢,是缓还是急,呼吸是非常自然的还是有点紧张。通过呼吸可以判断对方是紧张还是不紧张,是急躁还是不急躁,想成交还是不想成交,是有企图还是没有企图。高明的沟通高手可以通过对方呼吸的方法进而去判断对方的用意。

高明与否的区别在于你能不能察觉到细节,使用细节,运用细节。要想成为一个高明的沟通高手,必须做到以下三点。第一点要能察觉顾客的呼吸;第二点能够想象顾客的表情;第三点能够想象顾客的姿势,他是坐着跟我们打电话还是站着,是认真还是不够认真,体态很庄严还是不太庄严。

四、语言文字同步

语言文字同步,包括词汇、术语、口头禅。一个人使用不同的词汇,会得到不同的结果。每个人针对不同的事态,会使用不同的词汇。

词汇使用不当,会给客户带来臆测或者假想。在商务电话沟通中,使用负面词汇或常用词汇错位都会影响交流的顺利进行,甚至于阻碍公司的发展。

负面性的词汇让我们的情绪处于一种暴怒的状态中,通常,这种情绪也会传递给我们的顾客。所以我们要尽量地少用或者把它转化为正面性的词汇。像"生气",如果我们把"生气"转化为正面性词汇"不高兴"就比较好。生气是拿别人的错误惩罚自己。所以

每当你生气的时候,就告诉自己说:"我要做自我沟通了。"

每个人常用的负面词汇都可能不太一样,可以把自己平常说过的负面词汇写下来,然后作转化。销售高手善于使用正面的词汇。把"你这个人怎么这样呢"转化为"你很可爱""你很特别""你很有个性"。

第六辑

攻心为上，掌控销售谈判心理与技巧

如果销售人员不能在短时间之内用最有效的方法来吸引客户的注意力，那么你接下来对客户所说的话都是毫无意义的。所以，与其口若悬河地讲解自己的产品有多么的好、产品具有怎样的价格优势，还不如多考虑一下要怎样才能吸引客户的注意力。只有当客户将所有注意力放在你身上的时候，你才能够真正有效地开始你的销售过程。

从开始就攻占客户的内心

作为战争制胜法宝的《孙子兵法》这本书,一直以来都备受古今中外兵家重视,其中的谋攻篇,是本书中最为经典的篇章之一,这篇内容的思想精髓用最简单的话概况就是:"知己知彼,攻心为上。"这也是我国古代军事家用兵作战的战略。正所谓商场如战场,所以,销售人员与客户谈判的过程中说服的最佳状态,就是在谈话一开始,迅速攻占对方的内心。

一天,有个小男孩想让妈妈为他买一双球鞋,这个愿望本来很简单,但孩子却害怕被拒绝,因为他已经有了一双球鞋,而妈妈向来就比较节俭,也许不会满足他的要求。

于是,这个小男孩便想了一个很特别的方式,他没有像其他小孩子那样苦苦哀求,或者撒泼耍赖,而是一本正经地对他的母亲说:"妈妈,你有没有见过一个孩子,他只有一双球鞋呢?"

这句十分天真又略带计谋的话,一下子打动了她妈妈的心。于是,就在那一天,小男孩的妈妈就给他买了一双新的球鞋。后来,这位母亲和别人谈起自己的儿子时,总要提起这件事情。她说:"儿子的话让我觉得如果不答应他的请求,就会觉得很对不起他。我当时想,哪怕自己少花点儿,也不能委屈了孩子。"

就是这样,这个聪明的小男孩,用一句话就说服了母亲,实现了自己的愿望。在他说这句话时,唯一的目的就是要打动妈妈的心。事实上他的确做到了,让妈妈觉得他的要求是合情合理的,而不是无理取闹。这样的事情在生活中随处可见,只要你肯动动脑子,善于巧妙地运用这些说服方法,要想说服顾客并不是很难的事。

那么销售人员怎样才能从一开始就攻占对方的内心呢?

这就要求销售人员首先就要从心理上吸引客户的注意力。因为，如果销售人员不能在短时间之内用最有效的方法来吸引客户的注意力，那么你接下来对客户所说的话都是毫无意义的。所以，与其口若悬河地讲解自己的产品有多么的好，以及产品具有怎样的价格优势，还不如多考虑一下要怎样才能吸引客户的注意力。只有当客户将所有注意力放在你身上的时候，你才能够真正有效地开始你的销售过程。因此，销售人员在对客户进行谈判说服之前，有个好的开始是一件举足轻重的事。

大多数业绩平平的销售人员都认为，只有不断地讨好巴结客户，或是滔滔不绝地向客户讲解产品，才能够接近客户。但这样做客户往往都会拒绝，甚至是逃避，因为这样做根本就无法吸引客户的注意力。因此，当他们在第一次接近客户时，就很难快速地攻破客户的心理防线，这将会直接导致销售失败。

可见，销售人员与客户在谈判的过程中，如果要想从一开始就攻占客户的内心，就要先吸引住客户的注意力。

那么销售人员怎样才能吸引客户的注意力呢？

1.打开客户的心理防线。当销售人员初次拜访客户时，由于客户对你感到陌生，所以就会本能地产生一种防备之心。如果你一进门就推销你的产品，那就很容易使客户反感。因此，销售人员可以说一些能让客户感兴趣的话题来吸引他们的注意力。

2.在谈判过程中，销售人员也可以站在客户的角度谈一些给对方提供价值的话题。就算你只是一个普通的销售人员，你也可以用令对方更容易感觉到你有价值的称呼。如，保险销售人员可以称呼自己为财务顾问，家具销售人员可以称呼自己为室内设计顾问，当你给客户介绍自己的公司和产品时也是一样，如，你是一家彩色复印机制造商，就可以在向客户介绍时强调："我们可以帮助企业在更短的时间与更低的成本下印制高质量彩色资料，"而不是直接说，"我们生产的是彩色复印机。"

如果你的产品或服务解决了一个业界都无法解决的现象，或

销售心理学

在业务上有最显著的突破,你就可以说:"我们的这一款新机型已经解决了由于使用时间过长造成的发热现象,让你在使用中再也不会受到这个问题所产生的影响。"这样一来,才能让客户实实在在地感受到你的产品或服务价值,那将注意力投向你也是顺理成章的事了。

3.销售人员可以亲自给产品做演示。如果销售人员在销售谈判的过程中,始终都是自己在不停地说,而让客户与你互动的机会太少,这就会造成客户无法长时间将注意力放在你的身上。这时候,如果你能在谈判中有一些生动活泼的产品演示,那就能立刻吸引客户的注意力,同时也可以让客户亲身体验、感受到产品的功效,这样将更有利于营造轻松、舒适、自然的谈判氛围,也就更有利于促成销售。

所以说,在谈判过程中,销售人员要想让客户听你对产品的讲解以及购买你的产品,你就要先吸引客户的注意力,从一开始就攻占其内心,才能获得最后的胜利。

用话语牵着客户的思维走

销售的过程,其实就是一个你与客户谈判的过程。在这个过程中,销售人员就要充当谈判的主角,如果你想避免受到客户思想的影响,那么你就要学会用你的话牵着客户的思路走,这样才能顺利地让客户签单。

人的思维模式都有一种共性,就是容易跟着别人的思路走,特别是当你站在对方的立场为对方考虑,而对方因此被你打动的时候。所以,在销售过程中,销售人员如果善于利用这种谈判技巧,那么想要提升业绩便是水到渠成的事。

那么销售人员在销售谈判过程中应该怎样用自己的话牵引客户的思路呢?

首先可以运用悄悄转移话题的方法,也就是说当你和客户谈判的时候,如果这个话题不是你所想谈的话题,那么你就可以悄悄地把客户的话题转移到你产品上来,这样才会顺利地达成销售,否则,你一旦跟着客户的思维说下去的话,那你最终是不可能把这笔生意谈下来的。

在实际销售过程中,这个方法运用起来也并不难,如你可以说"您的话使我想到……""听了您的话,让我想起……"等这样的语言,你就能够变被动为主动,将客户的话题转移到你想要交谈的话题上来,这样可以让客户跟着你的话来进行思维活动。

同时,销售人员还可以事先想好问题。如果销售人员想从一开始就掌握主导权,继而牵引着客户的思维走,那么你就必须先用话语进行引导,让客户在你事先设置好的问题中做出选择。

例如,在一条街上有两家卖拉面的小食店,因为他们的店铺相距不远,所以每天的食客数量也都相差无几,然而当一天下来结算营业额的时候,一家店的营业额总比另一家店多出100多元来,并且天天都是这样。是什么原因呢?

原来问题的根源就在两家小食店的服务员身上,因为一家店的服务员在顾客进店坐下之后,就简单地问顾客:"请问您的面里加不加鸡蛋?"要是顾客说"加"的时候,她就给顾客加一个。每进来一个顾客,服务员都要问一句:"请问您的面里加不加鸡蛋?"这样问的时候,顾客中也有说加的,也有说不加的,这就把加与不加鸡蛋的主导权交到了顾客的手中。

另一家店的服务员同样是问顾客加不加蛋,但是结果却完全不同。每进来一个顾客,服务员都会这样问:"加一个鸡蛋还是加两个鸡蛋?"最后顾客中爱吃鸡蛋的人就要求加两个,不太喜欢吃鸡蛋的人就只要求加一个。这样一来,在后一家吃面的顾客就得至少加一个鸡蛋,因为无论如何,对于那些不太喜欢吃鸡蛋的顾客来说,加一个鸡蛋还是比加两个鸡蛋好。所以,一天下来,后一家

店总要比前一家店多卖出不少鸡蛋。这样他们的营业额也就不一样了。

营业额多的那家小食店的服务员,就是通过用话语来引导客户的思维,这样就在不知不觉中为自己赚了很多钱。所以,对于销售人员来说,在与顾客谈判的过程中就要善于运用巧妙的话语牵引客户的思维走,这样才能够让你顺利谈成生意。

以退求进的销售策略

"以退求进"也是销售谈判中经常使用的战略及战术。看起来退的一方是失败了,然而事实上却并非如此,退的一方之所以退,是为了更好地前进,获取更大的利益。

在谈判中,虽然先发制人不失为一种销售策略,却很容易让对方产生抵触情绪,致使谈判陷入僵局,因此,在谈判中采取以退为进的销售策略不妨为一种明智的选择,而谈判高手往往也是善于使用这种销售策略的人。

晓梅是一位皮带公司的销售员,她想把公司生产的皮带销售给某大型百货商场,她做了很多努力,但是最终还是被该商场的老总给拒绝了。经过调查,她发现,这家百货商场一直都进另一家公司的货,因此那位老总认为没有必要再向晓梅的公司进货了。

那要怎样才能改变这位老总的想法呢?晓梅想出了一个绝妙的办法。一天,她早早地来到该老总办公室的门外。见到该老总,她就直截了当并且诚恳地对那位老总说:"您可以给我 10 分钟吗?我就只有一个问题。"

她的话引起了老总的好奇,于是把她让进了办公室。晓梅走进办公室之后,从包里拿出一种新式皮带给这位老总看,希望他根据经验给这条皮带报一个公道的价格。老总在晓梅的邀请下,报出了自己的价格,而晓梅也针对这个价格为对方作了仔细的讲解。

第六辑 攻心为上,掌控销售谈判心理与技巧

眼看10分钟就要到了,晓梅收拾好自己的东西就准备要走,这时,这位老总叫住了她,说想看看她其他的皮带。最后,这位百货商场的老总按照他自己的报价在晓梅那里订购了一批皮带。

晓梅这一次能够成功,其实就是采用了以退求进的方法,她在这位老总看过自己公司生产的高质量的皮带之后,便准备离开,但此时这位老总早就被她的皮带的质量吸引住了,所以,他最后将晓梅留了下来。

在这个例子中,销售人员就是运用了以退求进的销售方法谈成了一笔看似无法达成的生意。所以,销售人员应该对这种"以退求进"的销售谈判策略进行学习和掌握,然后再将其巧妙地运用到销售的谈判过程中,以达成更多的销售业绩。

虽然以退为进是一种很好的销售方法,但不是对每一个客户都适用的,因此,销售员在运用这种方法的时候要注意以下一些问题。

第一,要弄清客户的真实想法。当销售人员想采用以退为进的销售方法的时候,要知道客户的真实想法,如果客户对你的产品没有太大的兴趣或目前并不急需此类产品时,那么使用这种方法可能就会弄巧成拙。而客户若现在需要你的产品,但是他又嫌价格太高,和你讨价还价,希望可以获得一些优惠的时候,销售人员使用这种方法就能达到很好的效果。

同时,在谈判中,为了巧妙灵活地运用以退求进的这种方法,销售人员在报价的时候要为自己留下讨价还价的空间。但不能乱要价,必须控制在一个合情合理的范围之内,以便于让自己能够"进可攻,退可守"。

第二,这种以退为进的销售方法,销售人员在运用的过程中还要学会适可而止。这种销售方法对客户来说,就是一种威胁,也就是说如果客户不买或再加价的话,你就不卖了。这时,如果客户表示出想要购买的意愿,那么客户所还的价格只要还在你能够接受

的范围之内,你就要考虑继续和客户进行谈判。相反,你若还想在此刻获取更大的利益,而希望客户再提高加价的幅度,就可能直接导致销售以失败而告终。在销售过程中,客户的耐心是有限的,你如果对客户步步逼迫,只会使他们反感。

第三,在谈判中,当你与客户双方都僵持不下或者不能达成交易的时候,你如果能采取以退求进的方法,或许就能获得成功。但这时你要尽量让客户先开口说话,让他先表明所有的要求,而设法隐藏住你自己的要求,同时还要尽可能地让对方在重要问题上先退步。如果你愿意的话,也可以在较小的问题上先做出退步,但要十分地小心。不要退得太快,或是做出过多的退步。要尽量放慢退步的脚步,这样一来,客户等得越久,就会越珍惜此次的退步。同时也要避免对方抓住原价不放的情况发生。

第四,销售人员要避免相同的退步。如:他让你50%,你可以让他30%;如果他说"你应该也让50%"时,你可以说"我无法负担那剩下来的20%"来拒绝对方的要求。总之,每次退步都要从对方那儿获得一些利益。当然在需要的时候,也可作出一些对自己没有任何损失的退步,以换取对方更大的退步。要注意"这件事我会考虑一下"这句话也是一种让步。销售人员一定要牢记每个退步都包含着你的利益,也关系到你的最终销售目的。

第五,销售人员在退步后,也要在整个销售谈判中尽量保持对自己有利的形势,但要在不违背原则的前提下灵活运用各种方法。如当你在谈判中作了退步后想要反悔,也不要不好意思,因为这还算不上是约定,只要还没有结束这次谈判,那么一切还可以重新来过。所以,在谈判的过程中,谈判者要时刻注意双方退步的情况,尤其是己方退让步的次数和程度。

在销售过程中,销售人员使用"以退求进"的销售策略,实际上并不是让你真正做出退步,而是要以"退"来达到"进"的目的,从而获取更多的利益。

第六辑 攻心为上，掌控销售谈判心理与技巧

☙ 眼神的巧妙运用 ❧

眼神能反映一个人的心理活动，特别是在商务交往和谈判中，眼神的巧妙运用会让谈判取得意想不到的良好效果。

2005年夏，海天集团的经理郭刚带着几位得力助手去广西与商业伙伴谈判。当谈判进行到一半时，突然陷入僵局。会议室中的气氛变得紧张起来，对方代表团虽仍有人表现得漫不经心，但谁都在用眼神较劲。

对方代表团希望郭刚对谈判条件做一些让步，然而这与郭刚的预期相去甚远。于是有将近5分钟的时间，没有人开口说话，会议室里一片死寂。突然，郭刚抬起头，把眼神从对方所有人的脸上扫过，最后落在主要对手的脸上，紧紧地盯着对方的眼睛。

对方一开始露出深沉的微笑，但是，1秒钟、2秒钟……随着时间的流逝，对方终于沉不住气了，说道："老郭，看你的眼神如此坚定，我想今天我再说什么也是徒劳，这样吧，我答应你们的条件，咱们先签一份合同，然后我请大家吃饭。老郭，你这个朋友我交定了！"

在谈判中，如果你想处于主动地位，那么就需要像郭刚一样善用眼神的力量。在谈判中，运用眼神的技巧主要有：

如果你希望给对方留下较深的印象，就要凝视他的目光久一些，以表自信。

如果你想在和对方的争辩中获胜，那你千万不要把目光移开，以示坚定。

如果你不知道别人为什么看你时，你就要稍微留意一下他的面部表情和目光，以便于应对。

如果你和别人四目相对，觉得不自在，你就要把目光移开，减少不快。

如果你和对方谈话时,他漫不经心且出现闭眼姿势,你就要知趣地暂停;你若还想做有效的沟通,那就要主动地随机应变。

如果你想和别人建立良好的默契,应该用60%～70%的时间注视对方,注视的部位是两眼和嘴之间的三角区域,这样信息的传递,会被正确而有效地理解。

如果你想在交往中,特别是和陌生人的交往中获取成功,那就要以期待的目光,注视对方的讲话,不卑不亢,只带浅淡的微笑,不时以目光接触,这是常用的温和而有效的方式。

在不同的场所运用不同的眼神,这样你才可能在商场上立于不败之地。

在谈判中除了要巧妙地运用眼神外,还需要仔细观察对方的眼睛,因为眼睛是心灵的窗户,一个人的眼睛会告诉你他的心里在想什么。

爱默生曾对眼睛有过这样的描述:"人的眼睛和舌头所说的话一样多,不需要词典,却能够从眼睛的语言中了解整个世界,这是它的好处。"眼睛被誉为"心灵的窗户",这表明它具有反映人的深层心理的功能,其动作、神情、状态是情感最明确的表现。

眼睛的动作及其传达出的信息主要有:

1. 与人交谈时,视线接触对方脸部的时间在正常情况下应占全部谈话时间的30%～60%,如超过这一平均值,可认为对谈话者本人比对谈话内容更感兴趣,比如一对情侣在讲话时总是互相凝视对方的脸部;若低于此平均值,则表示对谈话内容和谈话者本人都不怎么感兴趣。

2. 倾听对方说话时,几乎不看对方,那是企图掩饰什么的表现。据说,海关的检查人员在检查已填好的报关表格时,他通常会再问一句:"还有没有什么东西要呈报?"这时多数检查人员的眼睛不是看着报关表格或其他什么东西,而是盯着你的眼睛,如果你不敢坦然正视检查人员的眼睛,那就表明你在某些方面不够老实。

3. 眼睛闪烁不定是一种反常的举动,通常被视为用来掩饰的手段或性格上的不诚实,一个做事虚伪或者当场撒谎的人,其眼睛常常闪烁不定。

4. 在1秒钟之内连续眨眼几次,这是神情活跃,对某事件感兴趣的表现;有时也可理解为由于个性怯懦或羞涩,不敢正眼直视而做出不停眨眼的动作。在正常情况下,一般人每分钟眨眼5～8次,每次眨眼不超过1秒钟。时间超过1秒钟的眨眼表示厌烦,不感兴趣,或显示自己比对方优越,有藐视对方和不屑一顾的意思。

5. 瞪大眼睛看着对方是表示对对方有很大兴趣。

6. 当人处于兴奋状态时,往往是双目生辉、炯炯有神,此时瞳孔就会放大;而消极、戒备或愤怒时,则愁眉紧锁、目光无神、神情呆滞,此时瞳孔就会缩小。实验表明,瞳孔所传达的信息是无法用意志来控制的。所以,现代的企业家、政治家以及职业赌徒为了不使对方觉察到自己瞳孔的变化,往往喜欢戴上有色眼镜。

当然眼神传递的信息远不止这些,有许多只能意会而难以言传,这就需要我们在实践中用心观察、积累经验、努力把握。

要留心"无声语言"

在谈判中,我们不仅要听其言,还要观其行。广东有这样一句谚语:当一个人笑的时候腹部不动就要提防他了。伯明翰大学的艾文·格兰特博士说:"要留心椭圆形笑容。"这是因为这种笑不是发自内心的笑,即皮笑肉不笑。因此在谈判过程中,察言观色是很重要的,它能使我们获得更多信息。这里的"察、观"就是指在谈判过程中对对方的观察,具体一点说,是对对方的姿态、动作的观察。

对人的了解,除了可以通过有声的语言获得信息外,还可以通过姿势、动作这种无声的语言来获得信息,有时后者可以传递前者所不能传递或无法传递的信息。哑剧虽没有有声语言,但观众可

以通过演员的姿态、动作等知道他在想什么、干什么。有声语言与姿态、动作等无声语言都可以传递信息,但这两种传递信息的方式在对信息的发送者与接收者如何控制与利用信息这一方面是有区别的。通过有声的语言来传递信息这种方式,对信息发出者来说是可以控制的。而通过无声语言(姿态和动作)来传递信息这种方式,信息的发出者有时是难以控制的。这是因为语言本身是人们有目的、有意识地发出的,而姿态和动作,虽然人们也可以有意识地去控制它,但它们更多时候是在人们无意识之中,或是下意识之中进行的。

人们的某些习惯动作是他们内心意思的外在表现。比如,你刚才与老板在办公室就某个问题进行了探讨,并且交换了看法。假如现在有人问你,你刚才说了些什么?你一定能够很快地、八九不离十地把内容讲出来。如果那人再进一步问你在讲话时或者在讲某几句话时你又做过什么动作,你很可能就描述不出来。这就是因为你说过的话是经过你的大脑有意识地思考的,所以你会有记忆;而你所做的动作除了某些特别的动作,如接了一个电话,你会有印象外,其他一般性的动作,你通常是记不起来的。这是因为你不是有意识地去做这些动作,它们是在无意识或下意识中完成的。

因此,动作和姿态语言传递的信息往往要比有声语言所传递的信息更真实、更可信。据一位曾在第二次世界大战期间服役于德国情报局的人讲,当时他在内部抓到许多美国的情报人员,其依据是这些人在吃东西时往往用右手拿叉子,而没有被严格训练成欧洲人吃东西时用叉子的方式。此外,他们在坐着的时候,两腿交叉的姿势是美国式的而不是欧洲式的。有经验的警察能在一伙小偷中很快地辨认出他们的首领,其依据是他们的眼神与手势有着细微的差别。一般的小偷对小偷首领都会显现出某种敬重之色,而小偷首领在眼神、手势等方面则会显露出某种权威。因此,在谈判过程中对谈判对手姿势和动作的观察、分析,是我们获得谈判信息、了解对手的一个极为重要的方法和手段。

有时,我们要判断对手通过有声的语言传递的信息是否可信,可信度有多大,可以通过对对方动作、姿态和表情,尤其是讲话时的动作姿态和表情的观察来证实。对信息的接收者而言,有时对姿态、动作这种无声语言所传递出的信息比有声的语言传递出的信息更为敏感。举个例子,在法庭上,一个法官对他面前的律师或原告人、被告人眨一眨眼睛或皱一皱眉头,都会使对方神经高度紧张。他们的大脑会立刻高速运转,对法官用动作和姿态传递的信息做出分析、判断和解释。而实际上这位法官大人眨一眨眼睛、皱一皱眉头很可能是因为风将一粒沙子吹进眼睛或者是他在审案时有这么一个眨眼睛或者皱眉头的习惯,而并不代表什么意思,也没想向对方传递什么信息。

由此,我们可以看出,通过察言观色,我们可以更好地了解对手的心理状态,为后面的销售谈判打好基础。

洞悉谈判对手的心理状态

掌握对手的心理状态不仅在战争中至关重要,在企业谈判中也是取胜的法宝。谈判是一种心理的较量,对你的谈判对手了解得越多,在谈判中获胜的概率就越大。了解谈判对手心理、谈判思维特点、对谈判问题的态度等,可以有针对性地做谈判准备工作,可以针对对手不同的心理状况采用不同的策略,从而把握住谈判主动权,使谈判的走向始终对己方有利。

诸葛亮错用马谡失掉街亭后,魏将司马懿乘势引大军15万向诸葛亮所在的西城蜂拥而来。当时,诸葛亮身边没有大将,只有一班文官,所带领的5000人的军队,也有一半运粮草去了,只剩2500名士兵在城里。

销售心理学

众人听到司马懿带兵前来的消息都很惊慌,诸葛亮登城楼观望后,对众人说:"大家不要惊慌,按我的吩咐去做便能化险为夷。"诸葛亮传令,把所有的旌旗都藏起来,士兵原地不动,而且下令:有私自外出以及大声喧哗的,立即斩首。又让士兵把四个城门打开,每个城门之上派20名士兵扮成百姓模样,洒水扫街。诸葛亮自己披上鹤氅,戴上高高的纶巾,领着两个小书童,带上一张琴,到城上望敌楼前凭栏坐下,燃起香,悠闲地弹起琴来。

司马懿的先头兵最先到达城下,看到这种情况感觉很奇怪,不敢贸然闯入,便急忙返回报告司马懿。司马懿听后,不敢相信:"不可能,我去看看。"于是便令三军停下,自己前去查看。

司马懿远远就看到诸葛亮端坐在城楼上,笑容可掬,正在焚香弹琴。左面一个书童,手捧宝剑;右面也有一个书童,手里拿着拂尘。城门里外,20多个百姓模样的人在低头洒扫,旁若无人。司马懿看后,疑惑不已,准备撤兵。

司马懿的二子司马昭说:"父亲为何退兵?很可能是城中并无兵马,是诸葛亮故意迷惑我们。"司马懿说:"你有所不知,诸葛亮做事非常谨慎,不会随便冒险,想必城中有大军埋伏,我军现在闯入,岂不正掉进他们的埋伏当中?"最后,司马懿带领他的部队全部撤退。

如果当时司马懿进攻的话,完全可以擒住诸葛亮。但司马懿生性多疑,诸葛亮正是把握住了他的心理才得以取胜。

如何获知对方的心理状态?这就需要谈判人员具有良好的洞察力。在心理学中,洞察力是被作为观察力和注意力来研究的。一个具有很强洞察力的人,会对外界事物进行深入细致的了解,掌握最可靠、最直接的第一手资料,更好地实现谈判目标。

尽管洞察力对谈判而言如此重要,洞察力被认定是谈判人员最为重要的素质之一,但在实际工作中仍然有谈判人员缺乏商战中应有的警惕性。这其中的根源就在于他们太过于在意和相信自己的想法和判断，而忽视倾听别人在说什么。他们过于专注于自己的思考中，而忽视了对细微信息的观察。洞察力的缺失或弱化，在很大程度影响了谈判的效率，阻碍了更多利益的获得，甚至会造成重大失误。

与洞察力形成博弈关系的是，在商业谈判中，谈判对手不会轻易让你了解事情的真实情况，会尽可能地封闭有关谈判的信息，甚至会制造假象。正是由于对手的刻意掩盖，才使洞察力变得极为重要。

谈判人员要善于捕捉从对手的言谈举止中偶尔流露出来的真实自我和真正信息，从而更为清楚地了解对方的真实意图，洞悉对方的心理状态。需要提醒谈判人员的是，敏锐的洞察力并非意味着捕风捉影，无中生有，而是要通过对对方言行举止进行精心的观察和分析，从多种信息中提炼出最为准确的判断，以此来确定自己的思考和行动。

谈判人员要善于捕捉对手的心理状态，并根据不同的状态采取不同的应对措施。

对于那些急于求成的对手，谈判人员就要适当使用拖延战术，以此使对手焦躁，促使对手为快速达成谈判而轻易放弃利益。面对这种对手，需要注意的是，在拖延上要注意火候的把握，如果操作不当，就有可能被对手认为没有合作诚意，而转投他家。

对于那些对谈判并不看重的对手，谈判人员要积极主动地进攻，控制谈判的局势，要热情相待，尽快促进谈判的达成。面对这种对手，谈判人员需要提前做的一个工作是：要摸清对方所希望获得的利益，看看自己是否与对方的需求相匹配。

特别注意的是：需要是人的兴趣产生和发展的基础，谈判人员可以观察对方在谈判中的兴趣表现分析了解其真正需要之所在；相反的，也可以在恰当的时候根据对手的需要进行心理的诱导，激发其对某一事物的兴趣，促成商务谈判的成功。

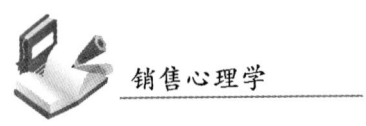
销售心理学

不同对手采用不同打法

正如要常保体能或在比赛中保持领先一样,老练能干也需要日复一日的演练,同时,也得提醒自己不能忘记基本的原则。当柏格成为世界第一的网球选手时,他每天照常不断地练习四个小时的基本打法。谈判也有它的基本打法,以下分别加以说明:

一、沉默是金

人际关系大师卡耐基常常告诫自己这一点,照理说他应该可以行之若素。其实不然,在气氛紧张的谈判当中,需要适时沉默。

二、稍等片刻

时间可以带来惊人的效果。所以管理者应该稍候片刻,等对方冷静下来,等问题自行解决,等不合宜的交易自然瓦解,等更佳的构想出现。等待并非易事,积极活跃的企业人士一向所受的训练,都是要迅速、果断地采取行动。

可是在许多紧要关头,所能做得最有效的事就是什么都不做。卡耐基说:"每次当我对此稍有怀疑,我就回想过去我们有多少次的成功均归功于沉着耐心,而有多少次的失败乃是因缺乏耐心所致。"

三、体察人心

雷夫森是露华浓化妆品公司的创始人,他是位传奇性的人物,美国商业界人士总爱以他的轶闻趣事作为茶余饭后的交谈资料。雷夫森以精明干练见称,但是同时他也极度敏锐,能以对方的观感作为出发点。

有一年,一家 SMS 广告公司的经理麦可毕意欲争取露华浓作为客户,他首次拜访露华浓的总部,并与雷夫森会谈,他发现这位化妆品界大亨的办公室虚饰浮夸,极尽铺张之能事,甚至使人有种压迫感受。

麦可毕这样描述着："看来像是特地盖的房间,并且是一砖一瓦运到纽约搭建的。柱子是大理石做的,墙上挂着大幅的航海地图,会议桌长达25英尺,长桌周围摆着镶金饰扣的黑皮椅。在雷夫森所坐的首位上赫然是一个纯金的电话。"

雷夫森走进来时,麦可毕以为他要像火山爆发一样喷出岩浆来了,可是他的第一句话却是:"你觉得这个房间很难看吗?"

麦可毕不妨有此一问,勉强挤出几句什么见仁见智、各人品味不同之类的话来应付。

"我知道你觉得这房间蛮难看的,"雷夫森坚持道,"没有关系,但是,我在找一个——也能了解到有许多人,会觉得它富丽堂皇的人。"

体察客户的心理诉求,加以肯定和引导,是销售成功的重要因素,忽略客户心理感受的销售员无一不遭到失败。

四、见微知著

卡耐基不论是在对方的办公室或是在其他场合,都可以很好地观察别人,以促进对他的了解。和有希望成为客户的对象或是对手吃饭、打球,这些都很有助益,因为这些时候大家多半比较轻松,容易以真面目示人。

这点在最普通的情形中也可以应用。一位成功的房地产经纪人告诉卡耐基,她有带许多夫妇去看房子的经验,她说:"我从他们坐进车子的方式就知道谁能做主,假如先生自顾自、大大咧咧地坐进前座,而太太要努力奋斗地挤进后座,那一定是先生说话最有分量。"

五、登门拜访

亲自登门拜访表示对人的尊重,这就像亲自去医院探望朋友,比只寄一张慰问卡要隆重得多。

卡耐基有一次应邀出席一个晚间的广播电台节目,广播的地点在华盛顿首府市郊的办公室大厅内。卡耐基在约11点抵达电

台时,注意到有个人在门外等他,他向卡耐基介绍后,便递上他的履历表。原来当他得知卡耐基当晚会在这个节目出现时,特地由迈阿密飞到华盛顿来见卡耐基。他觉得见到卡耐基本人,会使他加盟其公司的机会提高一些。

把握让步的原则与尺度

谈判是一种互动行为,有进就有退,所以让步在谈判中是一种常见现象。让步不是出卖自己的利益,而是为了获得更大利益放弃小利益,可见让步应该是必要的。但是,让步也要讲究原则与尺度。如何把握好它呢?

1. 不要过早让步。让步太早,会助长对方的气焰。待对方等得将要失去信心时,你再考虑让步。在这个时候做出哪怕一点点的让步,都会刺激对方对谈判的期望值。

2. 你率先在次要议题上作出让步,促使对方在主要议题上作出让步。

3. 在没有损失或损失很小的情况下,可考虑让步。但每次让步,都要有所收获,且收获要远远大于让步。

4. 让步时要头脑清醒。知道哪些可让,哪些绝对不能让,不要因让步而乱了阵脚。每次让步都有可能损失一大笔钱,掌握让步艺术,减少你的损失。

5. 每次以小幅度让步,获利较多。如果让步的幅度一下子很大,并不见得会使对方完全满意。相反,他见你一下子作出那么大的让步,也许会提出更多的要求。若你是卖者,作出的让步幅度太大,也许会引起买者对你的产品价格的怀疑;若你在作出一连串小的让步后,再问对方:"现在,你打算怎么办?"买者也许会因你数次让步,在协议书上签字。

6. 承诺性让步最划算。如果你代表公司与经销商谈判时,上

司要求你不能在价格上作出任何让步,而且还要你尽可能做到使客户满意时,你不妨试一试以下几种方法:

(1)虚心听取对方的意见和要求,对客户表现出你的真诚及友好,让客户接受你,并让客户意识到你是可靠的。

(2)向客户介绍你所服务的公司及你所推销的产品质量和服务品质,请公司负责人出面向客户做出承诺。

(3)你可以把公司信得过的老客户作为你的活广告,让新客户咨询老客户,为什么他们选择了你推销的产品。

7.打算作出让步之前,首先考虑你的让步在对方眼里有无价值,别人并不看重的东西,没必要送给他。若谈判刚开始你就作出许多微小的让步的话,对方也许会不仅不领情,反而加强对你的攻势,因为他知道你作出这些小的让步有企图,而且他们并不看重这些让步。当对方要你作出真正的让步时,你先前所做的让步也许早已被人遗忘了。此时,你再作出让步,可就吃大亏了。如果你先前并没有作出任何让步,当对方要求你作出让步时,即使这种让步是一小步,只要你作出了,对方也许会领情,因为此时他们还需要你继续让步。

己方的任何一项让步都要获得一定的价值,不论这项让步对于你多么微小,只要对方需要,你就可以利用它达到你的理想目标。

应该提醒管理者的是:不论是哪一种让步方式,都传递出相同信息,那就是让步有三个面向:幅度、次数、速度。幅度当然是递减,次数应该要少,速度则原则上应该要慢。真正操纵对方期待的,就是这三个让步的面向。

❧ 将心理战进行到底 ❧

谈判在表现形式上往往只是语言交锋的过程,但实质上谈判

是一场心理战。在谈判中如何察言观色,把握对方的心理,潜移默化地影响其感情因素,充分利用利益引导,都将关系到谈判的成败。如何打赢谈判这场仗,需要谈判者懂得谈判这门艺术里蕴藏的心理战术。

中国香港某电视剧中有个经典的谈判场景:

快运公司的员工中有一对兄弟,弟弟是哑巴。有一天,弟弟在工作中被重物压成了瘫痪。哥哥找公司索赔,公司不但不答应,还骗他签了一份协议书谎称他弟弟是非工作期间受伤的。

哥哥非常气愤,失去理智之下,在公司布置了炸药,并冲进公司劫持了10多名人质。情况非常危急。这时警局派出了顶尖谈判专家。派来的这位谈判专家由于早年的一次意外,不能正常行走,常年坐在轮椅上。但这个轮椅却为他与劫匪的谈判带来了积极因素。

劫匪:臭警察!不答应我的条件,我就开始杀人质!

谈判专家:别紧张!我是坐轮椅的人,我不会伤害你的。

劫匪看了他一眼,一直紧绷的神经似乎放松下来,情绪有所缓和。

谈判专家:我能理解你的心情。当我不能站起来的时候,我觉得全世界都抛弃了我。每天要在别人的帮助下生活,使我觉得尊严尽失。当时我也感到十分绝望,曾一度想到自杀。但我挺过来了,现在我觉得生活很美好。你还年轻,为什么要不给自己留条后路呢?你想过你弟弟没有?他可只有你一个哥哥啊!

谈判的话使劫匪的心理防线有所松动。谈判专家趁热打铁,将刚刚录制的他弟弟的画面播放给他看。随即又派出快运公司的代表来给他谈条件。劫匪的内心世界开始挣扎,过了一会儿,终于答应放下武器,交出人质。

心理战术在竞争中时常用到。利益是谈判的基础。商业谈判虽然没有电视剧中这么紧张和扣人心弦,但是谈判双方的心理模

第六辑 攻心为上，掌控销售谈判心理与技巧

式是一样的，都是为了争取最大化利益。劫匪是为了获得赔偿，而谈判专家则是为了人质的安全。商业谈判的双方是为了使己方的利益获得最大程度的增加。

利益最大化，并非狭义地指金钱最大化。通常情况下，有六种可以用来交换的资源：爱、金钱、服务、商品、地位和信息。每一种资源的价值取决于对方对其的需求紧迫性和获得的难易程度。所以谈判人员要了解对方的真正需求，在这个基础上因势利导，就能掌握最大的主动权，控制住谈判的局面。

谈判是一种日常工作，对于谈判人员来说，谈判是开展合作成败的关键。谈判人员要面对无数次大大小小的谈判，每一次既是一次新的挑战。成功的谈判是机智和情感天衣无缝的结合，所以，谈判人员要善于使用心理战术，巧妙地将心理战进行到底，使谈判获得最大成功。

在谈判中发动心理战，谈判人员要做到以下三点：

首先，要全面及时地搜集对方信息。这是发起攻心战的前提。具体而言，需搜集的信息包括对方的主体资格、谈判权限和个人情况等。掌握对方的信息越多，越能使心理战术有的放矢，越能够掌控谈判局面。

其次，要使对方心里产生公平感。这是公平理论在谈判过程中的应用。公平感是支配人们行为的重要心理现象，在谈判中，想方设法使对方心理上产生公平感有助于缓和谈判气氛，让对方感到自己被重视，从而操纵对方的认知，达成谈判。

最后，要学会以退为进。老子说过："将欲夺之，必固与之。"古有"以退为进""欲擒故纵"的说法。退一小步，使对手消除心理戒备，让其放松警惕，然后转而"进"一大步，让对手猝不及防。"退"是表面的，"进"才是本质的。

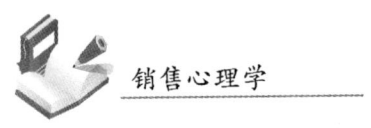
销售心理学

对谈判对手进行归类、分析

每一次谈判，大到耗资数亿美元搅动行业格局的企业并购，小到订购一种纽扣的几毫厘差价，对谈判双方都是一种挑战。这是进攻与防守的过程，是尖矛与固盾的艺术。

不过，在谈判的过程中，往往会发现一种方法在某个对手身上适用，放到另一个对手身上却没什么效果。面对形形色色的谈判对手，自己往往会束手无策。

因此，谈判人员要对谈判对手的类型进行归类和分析，根据不同的类型采取不同的措施，使谈判方法有的放矢，提升谈判效率。

美国谈判家荷伯曾代表一家大公司去购买一座煤矿。矿主是个强硬的谈判者，开价3000万美元，荷伯还价1500万美元。

"你在开玩笑吧？"矿主大声道。"不，我们不是开玩笑。但是请把你的实际售价告诉我们，我们好进行考虑。"矿主仍坚持3000万美元不变。在随后的几个月里，双方形成僵局，价格也在2500万与3000万之间对峙。

为什么卖主不接受2500万这个显然是公平的还价呢？荷伯决定弄清楚，于是他决定请矿主吃饭。在荷伯的一再追问下，矿主终于对解答了荷伯的疑问："我兄弟的煤矿卖了2800万美元，还有一些附加利益。"荷伯明白了，矿主如此顽固原来不想输给自己的兄弟。

有了这个信息，荷伯就跟公司的有关人员商议。他们首先搞清矿主的兄弟确切得到多少，然后又制订了应对计划。不久，谈判达成协议，最后的价格没有超过公司的预算。同时，付款方式与附加条件也使矿主觉得自己赚得远比自己的兄弟多。

商界谈判中，谈判对手主要有四种类型：强硬型、团体型、阴谋型、搭档型。

强硬型对手通常很固执、自信、傲慢,总是咄咄逼人,不肯示弱。多数时候常常对对手提出的要求一口回绝,不留余地。即使他们表明将认真考虑对手提出的条件,但事实上,一转身就会把这种许诺忘得一干二净。如果对手步步紧逼,要求结果,他们立即会矢口否认。

团体型对手是以团体作战的方式出现的。如果谈判的一方是一个多人团体,而另一方只是单枪匹马,这时在谈判桌上就出现了众寡悬殊的情况。相对来说,团体型对手很容易占据心理优势,因为他们可以轮流作战。另一方就会在对手的轮番攻击之下,疲于应付,最终筋疲力尽,降低判断能力,影响谈判目标的实现。

阴谋型对手会为了满足自身的利益和欲望,使用一些"诡计"来诱惑对方达成不公平的协议。这种对手不仅善于在谈判桌面上采取车轮战术,通过不断更换谈判人员的方法来使对方精疲力竭,从而迫使对方作出某种让步,还善于使用间计,以各种手法获得对方的谈判信息,从而使自己在谈判中始终处于主动地位。

搭档型对手常用的策略是:当谈判开始时,只派一些低层人员作为主谈手。等到谈判快要达成协议时,真正的主谈手突然插进来,表示以前的己方人员做出这样的决定,不仅会使之前达成的协议和共识失效,将谈判重新拉回到原点,还会因为对方底牌的暴露,而提出更为苛刻的谈判条件。

任何类型的谈判对手都会有缺点和弱项,谈判人员只要能够做到以己之长攻对手之短,就能获得谈判的最终胜利。

面对"强硬型"谈判对手,要了解对方如此强硬的理由,只有摸清这些,才能进行有力的反击。例如对手是依据领导指示而如此强硬,那么完全可以直接去找他的上层;如果这只是对方谈判的一种手段,大可不必惊慌错乱,沉着应战,不要表现出乱了阵脚的样子。

面对"团队型"谈判对手,如果谈判人员是单枪作战,就应该懂

得一个道理:如果你离开谈判桌,对手一定会惊慌失措,因为他们需要有对手。如果对方仰仗人多势众,发起强烈攻击,而己方在应辩上难以自顾,最好的办法就是拖延时间,为做各种准备赢得时间,以便使自己应对各种情况时更为从容。

面对"阴谋型"谈判对手,正确的方式是拖延谈判,让对手重新回到原来的谈判上,并拒绝向刚被换上场的谈判对手陈述之前的承诺和约定。以其人之道还治其人之身是最好的方法,如果对方临阵换人,自己也可以临阵换人;如果对方否认过去的条件,己方也同样否定之前的许诺。另外,还要加强内部防范,避免出现内鬼。

面对"搭档型"谈判对手,谈判人员要加强谈判对手资格的审查工作,必须了解对手是否有签字的权利。搭档型谈判策略极具有杀伤力,因为谈判进行到一定程度的时候,陷于被动的一方可能已经完全暴露了谈判底线,除了答应对方的条件,别无良策。为了避免这一情况的发生,如果对手表示签字权在上司手里,谈判人员就应该立即拒绝谈判。

利用竞争优势压制对方

在实际工作中,企业的销售人员最容易获得的不是心理优势,而是心理劣势。他们承受着市场、竞争对手以及买方谈判力量的三重压力,在面对公司的大客户时,常常会有如履薄冰、谨小慎微的心态。这种心态导致的结果是:只要客户稍施压力,他们会屈服而作出让步的态势,使客户更加大胆地运用他们的"心理优势"来索取更大的利益。

一家外贸公司为开发市场,与一家韩国企业洽谈招商业务。这家韩国企业是一个大客户,外贸公司派出一位业务员与对方交涉了足足两个月。不过,韩国企业一直拖着不签协议。

第六辑 攻心为上,掌控销售谈判心理与技巧

外贸公司的一名业务经理这时主动请缨,并提出保证三天完成任务。业务经理通过调查,发现韩国企业其实也需要外贸公司的服务,只是想通过拖延获得更大的利益。鉴于此,业务经理一到北京,立即联系上这家韩国公司,但他并没有马上要求与对方见面。

直到第三天,业务经理才约见韩方经理。见面后,业务经理直接切入正题,将公司的条件重新说了一遍,并将所有需要的文件、协议等都准备就位。韩方经理仍想继续采取拖延战术,不过,经过两天的等待,韩方经理也摸不透业务经理到底有何打算。

在提出是否签协议时,眼见韩方经理仍在推托,业务经理对韩方经理说:"谢谢您的款待,您的工作也很忙。既然这次合作还有问题,那我们下次再找机会。"他的话让对方很吃惊:"我们并没有拒绝这次合作。"

业务经理平静地对韩方经理说:"我是专程为此次合作而来,与贵公司已经交流了两个月,却迟迟得不到结果,我认为贵公司缺乏足够的诚意。既然我们可能无法合作,我只有去找别的合作者,再次感谢您的款待。"

业务经理的话,一下将韩方经理逼得没有退路。已经完全丧失心理优势的韩方,表示愿意签署协议,合作最终取得成功。

业务经理在联系对方后,并不立刻会面,这向对方传达的信息是对方在自己眼里并不是非常重要,从而软化对方的心理优势,使自己处于有利地位。

如何在销售谈判中占据心理优势?这需要谈判人员准确把握客户需求的紧迫程度以及自己所提供的产品或服务的可替代性。一般而言,如果对方需求越紧迫,销售的一方就越容易获得心理优势;公司提供的产品或服务越稀缺,公司在面对客户时就越有心理优势。

我们都有这样的销售经验:如果你是卖方,有一客户的用户指

明订购你的产品,这个客户就不得不与你达成交易,否则他的用户就会抱怨甚至投诉。在与这种客户谈判中,无论他们如何掩饰其焦急的心情、如何镇定自若,但在他们心理依然会认定你更有优势。

同样的道理,如果谈判对手的长期供应商不能及时供货,或者产品质量出现了问题,而你却是最佳的替代对象,他们在谈判时也会认为你更有优势。上述这两种情况说明一个道理:真正决定谈判中心理优势的不是谈判技巧本身,而是需求本身。如果你的产品具有不可替代性,或者对方需求迫切,你就很容易获得心理优势。

尽管我们在前面强调决定心理优势的根源在于客户的需求本身,但这并不妨碍一些谈判技巧对心理优势的建立产生着微妙的影响。比如在谈判刚开始的时候双方通常会讲一些无关大局的话。经验丰富的谈判者知道,这是在为自己建立心理优势,为引导对方的心智创造条件。

在谈判中,谈判技巧有很多,最常使用并且效果最佳的方法就是利用竞争优势来压制对方。采用这种方法的谈判对手会在事前对谈判对手前进行充分的调查,谈判时突然拿出数十张数据资料来证明自己在市场竞争中处于优势,或证明谈判对手在市场竞争中处于劣势。缺乏经验的谈判者面对这种情况,会立刻手足无措,顷刻间失去了所有的优势。

在这种场景中,心理素质决定着谈判的优势。首先我们要明确一点,只要对手愿意和你一起坐在谈判桌上,就意味着你手中有对手希望获得的资源,就意味着与你合作要优于与你的竞争对手合作。否则他们没必要浪费时间和精力与你讨价还价。所以,千万不要被对方所营造的虚幻的"心理优势"所击倒,要站稳阵脚。

暗藏玄机的谈判地点

古人云：天时地利人和，缺一不可言打仗。人们也常说：商场如战场。所以，在销售过程中也是一样，销售人员与客户进行谈判时，谈判地点的选择是非常重要的，因此销售人员应该选择舒适的谈判地点，力求达到最佳的谈判结果。

有这样一个例子：

众所周知，日本是一个钢铁资源和煤炭资源短缺的国家，而澳大利亚却是盛产铁和煤的国家，为了经济的发展，日本很渴望和澳大利亚达成合作，而在国际贸易中有很多国家想与澳大利亚合作。相比较下，日本人的谈判地位就明显低于澳大利亚，而且很显然，澳大利亚一方在谈判桌上会占据主动地位。可是，聪明的日本人把澳大利亚的谈判人员请到日本去谈生意。一旦澳大利亚人到了日本，就会为了不过分地侵犯到东道主的利益，而行为都比较谨慎，讲究礼仪。所以澳、日两方的人员在谈判桌上的地位就发生了显著的变化。并且，过惯了富裕舒适生活的澳大利亚人，由于在对方的地方显得太过拘谨，所以在派出的谈判代表到了日本不过几天，就很想回到故乡去。因而在谈判桌上常常表现出急躁的情绪；而日本作为东道主，在自己的地盘上，没有澳大利亚人的那种心情，就可以不慌不忙地讨价还价，所以他们掌握了谈判桌上的主动权。结果日本方面仅仅花费了少量款待做"鱼饵"，就钓到了"大鱼"，取得了大量谈判桌上难以获得的东西。

可见，谈判地点的选择也暗藏玄机。在通常情况下，谈判双方的心理都会受到它的影响，从而进一步对谈判效果产生一定的影响。对于谈判双方来说，对自己有利的地点能够增强其信心，所以在谈判过程中就更能发挥自己的谈判潜能，从而说服对方。

很多客户都喜欢在自己所熟悉的环境中进行谈判，因为这样

自己就能够集中精力而不需要分心于环境因素。同时,他们觉得在自己的地盘上也会很有安全感,不但可以节省时间,容易找到参谋的人和必要的文件,也有利于掌握主导权。这样一来,谈判的成功率自然就提高了。泰勒是美国的一个谈判专家,他曾与学生做过一个实验,结果也证明绝大多数人在自己家的客厅里与人谈话比在其他场所更具有说服力。因为人是社会性的动物,在自己熟悉的环境中或社交圈中,他才能够将其潜能充分地释放和发挥出来。但在别人的"地盘"上,就不能这样随心所欲了。所以日常的谈判活动,最好能够争取在己方所在地点进行。

同时,当客户对你不太信任或你为了向客户证明自己的实力时,你就可以主动邀请客户来自己的公司进行考察。当然,不能因为客户来到了自己的"地盘",就表现得自高自大,一定要维持好自己的形象。到吃饭的时候,无论你们之间谈没谈成,都一定要请客户吃饭。就算客户拒绝,你也要诚恳地挽留对方。总之,与客户在自己公司谈判绝对是十分有利的。

当谈判地点选定在对方所在地时,谈判者就须做好充分的准备。

首先必须亲手查询并核实谈判对手和相关资料或信息是否真实可靠,然后,再将己方的产品进行对外宣传,需要找一些新的合作伙伴作为候补的合作对象,这样一来,更有助于你在多次谈判中给对手施加一定的压力。

当你在对手所在地谈判时,也应该先做好充分的思想准备,并制定好相应的应对之策,如谈判前一定要有充分的休息和适应时间,以及携带必要的资料、工具等,从而保证你能从容而舒适地工作,尽可能地减少因环境而带来的不利影响。同时,你也可以通过一些手段来达到变被动为主动的目的,如可以用没带来某种重要的文件或资料而故意拖延进程。因为这样你就可以有更多的机会进行观察并了解客户各方面情况。包括客户本人、员工、机构、管理等方面,同时你也可以会见对方各种没有参与谈判但很重要的人。总之,你了解得越多,谈判成功的概率也就越高。

同时,到客户的公司时,还要重点感受对方对你的重视程度。如谈判的时间、参与的人数、客户的语气等。如果客户要请客,就要注意观察对方的表情是否诚恳。

在谈判中,客户的办公室是对你最不利的谈判场所。相比之下在其他一些场合对方更容易接受新的建议,警惕心也相对比较薄弱,如在餐桌上、刚打完网球时、在足球场上等。当然,正式的商务谈判就必须选在会议室。

在一般情况下,谈判地点的选择是由双方共同决定的,所以在不能选择己方所在地为谈判地时,应尽可能地选择在与双方都无明显利弊关系的地点。

但无论你与客户在什么地方谈判,都一定要让对方看到希望,抓住客户的求成心理,这样谈判的成功率才会更高。

选择有利的谈判时间和环境

销售中任何形式的谈判,都需要在一定时间和环境中进行。

在不同的时间段内,谈判的效果是不一样的,时间的变化有时也能引起利益的变化,因此谈判时间的选择是十分重要的。

那在销售谈判过程中时间的重要性主要体现在哪里呢?

在一般情况下,谈判对方的"阴谋诡计"都会体现在时间上。你只有掌握了最佳的谈判时间,并巧妙地利用它来控制谈判的进度,掌握谈判的主导权,才能赢得谈判的最后胜利。

上午的时候,人们头脑往往比较清醒,所以思维敏捷,想象力也比较丰富。

因此,当你在这个时间段内与客户谈判时,你会感到客户的精力十足,很难作出让步,所以,在这个时间进行谈判对你是很不利

的。

假如对方由于晚上应酬很晚，上午还不太清醒，与这样的客户一起进行谈判时，你就可以大胆地向他灌输你的想法，只要让对方看到了你的自信和诚意，就会让他觉得你说得很有道理，最后你就会比较容易达到理想的谈判结果。

下午时，大多数人都比较容易感到困乏，随着时间的推移，人的状态会越来越不好。所以，在这个时候与客户进行谈判，最好不要谈论新的想法，而应该以说明、考察等为主。下午一般是朋友见面的好时间，而不是谈生意的最佳时刻，因此，你与对方谈判时最好能避开这个时间段。

晚上，夜深人静，是最好的思考时间。若你与客户在晚上谈生意一定要小心为好，特别是在酒店或娱乐场所谈判的时候，更要提防被客户"灌醉"。

当双方约好谈判的时间后，如果客户按照约定时间准时赴约，那就说明客户很有诚意与你合作，也有可能他还想知道一些他还不太清楚的问题。当然，不能因为对方守时，就轻易相信他一定会守信。如果客户没有准时赴约，这就表示对方的合作态度不是很积极，还有些勉强，那你就要仔细考虑一下你们之间是否会有合作的可能性了。

当双方经过谈判达成交易时，一定要注意客户的付款时间，如果交易金额较大，无论对方用多么充分的理由来拖延时间，你都应该想到会有一些不利于你的情况发生。否则，到了对方付款成交的时候，就怕对方玩失踪。人们常说时间就是金钱，所以时间上的任何变化都可能会和你的利益息息相关。因此销售人员还是谨慎小心一点儿比较稳妥。

同时，你与客户吃饭的时间也需要注意以下一些相关的问题。

当你不想请客户吃饭，同时也不想让客户请你吃饭时，那么就最好避开吃饭的时间与对方见面。一定不要因为谈得兴致勃勃而

第六辑 攻心为上，掌控销售谈判心理与技巧

忘了时间，因为在人们说得高兴的时候往往会很容易临时改变想法。

若客户有意邀请你一起吃饭，那么对方就会将见面的时间安排在接近吃饭的点儿，这就表明你值得他邀请，也说明谈判的主导权掌控在你的手中，目前正处于主动地位，促成交易的概率也很大。当客户请你点菜的时候，不管对方有多热情，还是多么的有钱，你一定不能点太贵的东西。无论点了什么菜，都要对客户说："今天让您破费了。"但当客户点贵的东西时，你就绝对不能去阻止，因为这表示对方愿意为你花钱，同时也说明客户很有诚意与你合作，这对你来说是十分有利的。

你如果想请客户吃饭的同时，又不想太破费，那么邀请客户一起共进午餐就是最好的选择。因为午餐后客户还要继续工作，所以一般都不会喝酒。同时也要在你邀请客户之前，就最好能提前预订好吃饭的地点，避免到时候出现让自己尴尬的情景。

当然，你若需要与客户进行更深一步的交流，那就最好邀请客户一起吃饭。但钱一定要带够，因为吃完饭后有可能还需要去其他场所消费。

在谈判对方并未事先预约而突然来访时，你不要将此事看得过于简单。一般情况下，那些不按常规行事的人，都是足智多谋的人。所以一定要小心那些貌似不善于谈判的客户，也许让你在谈判中一败涂地的人就是他们。

在谈判过程中，时间的力量是不可小觑的，巧妙地选择时间，可以促使犹豫不决的对手接受协议。在人的一生中都会有一些非常特别的时间，例如：逢年过节、学生入学、一对情侣打算结婚等，商家都知道此时可以大赚一笔。对于谈判者来说，无论商谈任何一件事情，都会有合适和不合适的时间。时刻表的更改，可以适时地增强或减弱自己的议价力量。因此人们在谈判中才会如此多地动用最后期限这一策略，迫使对方作出让步。

销售心理学

  同时,在销售谈判中,谈判环境的选择与运用也是十分重要的。

  谈判环境的选择与运用就是谈判场景的布置,它不但对谈判信息的收集与谈判语言的表达交流起现场背景、策略实施相辅相成的表现作用,同时还表现出人们主观能动性在微观上直接控制谈判的某种能力。心理学也发现,某些特定的情境通常会对人的行为产生着潜在的而又非常重要的影响。其实,人们在很早以前就已经懂得运用了。

  例如,瑞普公司曾为开拓欧洲市场,举办一场大型而豪华的鸡尾酒会。在酒会上,瑞普公司不但邀请了东南亚和港澳台的商人,同时还特别邀请了驻港的德、法几位商务代表。

  公司为了让这次酒会能够顺利达到预期的目的,就需要一个能在多国以及港澳台的商人之间游刃有余的语言大师。所以,他们就以广告方式来招聘临时司仪。

  这时候,时任美国公司驻中国上海商务代表的梦丹女士出现了,她不仅热情大方,长得漂亮,同时,还是美国著理工大学的工商管理学硕士。当她完成学业回国后,受聘于一家台资公司,又曾先后被派往德、法工作。现在休假中的她自然脱颖而出,成了公司的临时司仪。

  酒会现场的布置充满了梦幻般的东方情调,为了助兴,还有表演者为客商们表演了一些具有闽南和东南亚特色的舞蹈和歌曲,同时,梦丹女士也以东方淑女的形象缓缓登场,浓厚的东方情调使来自欧洲的工商界巨头为之倾倒。这次酒会取得了前所未有的成功,所以瑞普公司不但留住了老顾客,同时还发展了很多的新顾客。酒会后,德国商人在梦丹女士的说服下还与瑞普公司谈成了一笔大生意。

  相反,在谈判过程中,如果场景布置得不合理,就会直接造成谈判的中断或失败。

例如，曾与一外商谈判合资建厂的某个公司，当他们将远道而来的外商客户带入位于会议室谈判地点后，由于会议室的灯光显得比较暗，且会议室内的布置也不尽合理，从而造成外商的谈判情绪不高。同时，因为他们在没有经验又没有作充分准备的情况下进行谈判，所以，会议程序显得十分混乱，甚至，他们还将那位外商客户的座位安排在背对门的一边，这让对方感到十分恼怒。就因为这些问题，直接导致了会谈的失败。

在销售过程中，酒店也是个谈判的好地方，在这里谈生意往往会产生意想不到的效果，这是由于在人际关系中，酒精有着超乎寻常的作用。所以，对于一些平时不好办的事，很有可能喝几杯酒就办成了。

但是，当你在邀请客户去酒店之前，一定要先熟悉一下酒店的环境。这样可以避免一些对自己不利的事情发生。

另外，还可以选择在咖啡厅或茶楼谈生意，因为这些地方的环境一般都比较清静，消费也不是很高，同时又比较有文化氛围，这些都有益于缓和谈判时的紧张气氛，也许会让你在谈判中取得意想不到的效果。

时间和环境选择的重要性在谈判活动中是不言而喻的，所以销售人员想要在谈判中赢得最终的胜利，就必须考虑到这两个因素。善于选择对自己有利的谈判时间和环境的人，才是真正的谈判高手。

销售谈判中说"不"的技巧

销售人员与客户在谈判的过程中，讨价还价是不能避免的。如果对方提出的要求或观点与自己的意愿大相径庭时，就要拒绝。可如果直接拒绝客户，又显得太过生硬，让客户很难接受，并使其产生一些不良情绪，从而使谈判陷入僵局。

销售心理学

所以,销售人员应该抓住合适的时机,用合适的方式并通过合适的语言进行委婉的拒绝,才能使谈判达到满意的效果。因此,销售人员在谈判中要学会说"不"的技巧,学会巧妙地拒绝对方。

销售人员可以使用以下一些委婉的拒绝方法,来避免在谈判中出现僵局,以达到顺利完成谈判的目的。

一、幽默的方法

在谈判中,幽默也是最有力的武器之一。当客户提出一些你无法满足或是不合情理的要求时,你可以用一些幽默的例子或故事,让对方意会你的言外之意,以达到委婉拒绝对方的目的。如,曾有一个客户在一家生产洗洁精的公司考察时,偶然发现洗洁精有分量不足的现象,于是客户借此良机与对方的销售人员讨价还价。这个销售人员微笑着讲述了这样一个故事:"美国专门为空降部队伞兵生产降落伞的军工厂,产品不合格率为万分之一,这就意味着1万名士兵将有一名因为降落伞的质量缺陷而牺牲,这当然是所有人都不能容忍的!所以,军方想了一个办法,他们在抽检产品时,让军工厂主要负责人亲自跳伞。从此以后,降落伞的合格率为百分之百。若贵公司提货后能把那瓶分量不足的洗洁精赠送给我,我将与公司负责人一同分享,这可是我们公司成立这么久以来第一次遇到使用免费洗洁精的机会。"这个方法既转移了客户的注意力,又充分地说明了自己拒绝的理由。可谓是一举两得的好方法,销售人员要学会适时地加以利用,就一定可以获得很好的谈判效果。

二、先肯定再否定的方法

人们往往都希望自己能够得到别人的赞可和认同,因此,在谈判的过程中,谈判者可利用这一点从对方意见中找出双方都认同的非实质性内容,并加以肯定,当与对方产生共鸣后,再借机说出自己的不同看法。

例如,一次,销售人员在向一家公司推销自己的产品时,自己公司的知名度遭到了客户的质疑，于是，销售人员坦率地说："这正如你所说的那样，虽然我们品牌的知名度不是很高，可我们将大部分经费都用在产品研发上，生产出的产品新颖时尚，且质量上乘，该产品自面世以来很受顾客欢迎，市场前景非常好，甚至有些地方还出现了脱销的现象……"这样一来，不仅达到了反驳的目的，还缓和了气氛。

三、额外补偿法

在销售谈判中，无论你用多么充分、多么动人的理由来拒绝客户，都会让对方感到不快，毕竟这关系到双方的切身利益。因此，你可以在自己的权限范围之内，在拒绝客户的同时，给予客户一些额外的补偿，这样往往会取得不错的效果。这种方法在谈判中也经常使用。

例如，当你在推销手机的时候，你可以说："这个价给您已经是最优惠的了。不如这样吧，我再多给您配上一块电池。""虽然我们的产品价位偏高了一点儿，但美观耐用，安全节能，售后服务也很有保障，可以随时为您提供免费的服务，让您在购买后毫无后顾之忧，选购这款产品对你来说一定是明智之举。"这样一来，就会让顾客感觉不那么贵了。

那么谈判者在使用这些方法的过程中，应该注意哪些问题呢？

在谈判的过程中，谈判者说"不"的目的，不是为了单纯地拒绝对方，而是为了自己的利益，为了获得最好的谈判结果。虽然这是众所周知的道理，但仍有不少的谈判者在谈判中感情用事，一时间忘记了自己的谈判目的，一味地拒绝，只会导致谈判以失败而告终。

同时，大多数谈判者在与客户谈判的过程中，都害怕说"不"。其实，在谈判中说"不"是相对的。因为谈判中说"不"并不代表谈判的失败，而是为了拒绝对方一些自己无法接受或是不合理的要求，并不等于全盘否定。因此，大多数时候说"不"都是有的放矢。

事实上,如果你反复强调"不"字的话,就会使对方相信你真的是在说"不"。

其实,谈判就是一个互惠互利的合作过程。虽然谈判双方都希望能够获得圆满的谈判结果,但是谈判内容毕竟关系到彼此的切身利益,为此而发生冲突也是在所难免的,因此,在应该拒绝的时候,就要大胆说"不"。但在拒绝的同时,还要记得在其他一些方面给对方留下讨价还价的余地。

谈判的最高境界——达成双赢的局面

销售就是双方面对面的一场较量,其实,销售与下棋一样,销售人员运用各种有效的销售谈判技巧都必须遵守一套规则。谈判和下棋最大的区别在于,谈判时对方不知道这些规则,只能预测你的"棋路"。我们每一个销售人员想要在销售中生存,就要在销售中稳赢。所以销售人员必须抱着一颗平常的心态,就算身在局内,心也要放在局外,对最后的结果别太上心,自己就永远是赢家。

在销售的过程中,谈判双方都抱着想赢的目的,客户想要的是最低价,销售者想要的是最高价,这都是正常的事。但是,最终的结局如何,买卖双方谁赢谁输,那就得看彼此的智慧了。但最好的销售结果就是达成我们常说的"双赢"局面,这才是销售的最高境界。

事实上,想要达成双赢的局面是很困难的,因为在漫长的销售过程中,销售者有成功和失败的案例,客户同样也有成功和失败的事实。

那么,我们应该如何在谈判中实现"双赢"呢?

1. 在谈判开始时,销售人员首先就要让整体局势有利于自己。销售人员的初次报价要高过自己所预期的价格,以便于为后面的谈判留下回旋余地。在谈判过程中,你可以降低价格,但绝不可能再涨价。你对对方了解越少,升价就应越高。

因为你对对方的估计可能会有差错。如果你对客户及其需求了解不深,他愿意出的价格有可能比你想象中的要高。

另外,如果你们是初次谈生意,你作出的让步越大,就说明你越有合作诚意。你对买方及其需求了解越多,就越能调整你的报价。但这样做的弊端是如果对方不了解你,你最初的报价就可吓到对方。如果你的报价超过最佳报价价位,就可以间接地告诉客户你的加固灵活性很大。若客户觉得你的报价过高,而你又抱着不肯让步的态度,这样就会直接导致谈判失败。为了避免这种情况发生,你可以在最初报价后这样说:"一旦我们对你们的需求有了更准确的了解,也可以调整这一报价。但就目前你们的定货量、包装质量和适时库存的要求来看,我们最低只能出每件18元。"这样一来,客户可能会想:"要价太高了,但看来还可以谈一谈。我要下点儿功夫,看看能压到多少。"在报出高于预期的要价后,接下来就要考虑应该把价格定在什么价位最佳呢?这个最佳价位就是:以目标价格为支点,对方的报价比你的目标价格低多少,你的最初报价就应比你的目标价格高多少。例如:客户愿出价16元买你的产品,而你能承受的价格是17元,支点价格原理告诉你开始应报价18元。如果谈判的最终结果是折中价格,你就达到了目标。当然,并不是你每次都能谈到折中价,但如果你在没有更好的其他办法时,这也是一个不错的选择。

2. 当谈判进入中后期时,一定要保持你的优势。谈判进入中期后,谈判的问题变得更加清晰。这时谈判最重要的是你不能让谈判陷入僵局。因为在这个时候,客户会立刻感觉到你是在争取双赢方案,同时还是比较坚持自己的想法。

如果你们的立场相对立,你就不能据理力争,这样只会让客户更加确信自己的立场是正确的。最好的方法是在开始时赞同客户的观点,然后用"我觉得……""我最后发现……"这种先退后进的

方式来扭转局面。当客户突然对你产生怀疑时，这种先退后进的方式能给你留出思考的时间。

3. 在进入谈判后期时就要利用你的优势，要让客户签单。谈判高手都知道，让客户愿意签单达成交易的最好办法是在最后时刻作出小小的让步。所以，如果想要赢得圆满的谈判结果，销售人员可以在最后时刻做出一点儿小小的让步。如付款期限由 15 天延长为 25 天，或是免费提供产品维护培训，在谈判中这个方法往往都会起到立竿见影的效果，因为你让步的多少并不重要，重要的是抓住了让步的关键时机。

例如，你可以这样说："价格我们是不能再优惠了，但我们可以在其他方面给您一些优惠。如果你接受这个价格，我可以派最好的技术人员为您安装调试，并由我亲自监督，保证一切顺利。"可能你原本就有这样的想法，但你看准了最好的时机让客户做出回应："如果这样，我也就接受这个价了。"这样一来，他既不会觉得自己在谈判中输给你了，反而还会觉得这是一桩公平的买卖。这也就是为什么我们不能一开始就直接报最低报价给客户的原因之一，因为你若在谈判结束之前就作出让步，那么在最后的关键时刻你让客户乐意签单的筹码就没有了。销售谈判的最后时刻完全有可能改变一切。

在商业谈判中，谈判双方都想赢，都想在谈判中获得更多的利润，但想得到就必须先让步，有时让步才能更好地进步。同时，只有谈判双方都能在公平合理、相互理解、换位思考的前提下进行友好的谈判，才能使双方获得最圆满的结局，才能在谈判中达成双赢的最高境界。